Découvrez des Jeux Gratuits en Ligne

Disponible Ici :

BestActivityBooks.com/FREEGAMES

5 ASTUCES POUR DÉMARRER !

1) COMMENT RÉSOUDRE LES MOTS MÊLÉS

Les puzzles sont dans un format classique :

- Les mots sont cachés sans espaces, tirets, ...
- Orientation : Les mots peuvent être écrits en avant, en arrière, vers le haut, vers le bas ou en diagonale (ils peuvent être inversés).
- Les mots peuvent se chevaucher ou se croiser.

2) UN APPRENTISSAGE ACTIF

Un espace est prévu à côté de chaque mots pour noter la traduction. Pour favoriser un apprentissage actif un **DICTIONNAIRE** à la fin de cette édition vous permettra de vérifier et étendre vos connaissances. Cherchez et notez les traductions, trouvez-les dans le Puzzle et ajoutez-les à votre vocabulaire !

3) MARQUEZ LES MOTS

Vous pouvez inventer votre propre système de marquage. Peut-être en utilisez-vous déjà un ? Sinon, vous pourriez, par exemple, marquer les mots qui ont été difficiles à trouver d'une croix, ceux que vous avez aimés d'une étoile, les mots nouveaux d'un triangle, les mots rares d'un diamant, etc...

4) STRUCTUREZ VOTRE APPRENTISSAGE

Cette édition vous offre un **CARNET DE NOTES** très pratique à la fin du livre. En vacances ou en voyage ou à la maison, vous pouvez facilement organiser vos nouvelles connaissances sans avoir besoin d'un second bloc-notes !

5) VOUS AVEZ FINI TOUTES LES GRILLES ?

Allez à la section bonus **CHALLENGE FINAL** pour trouver un jeu gratuit à la fin de cette édition !

Simple et Rapide ! Découvrez notre collection de livres d'activités pour votre prochain moment de détente et **d'apprentissage**, à juste un clic de distance !

Trouvez votre prochain défi sur :

BestActivityBooks.com/MonProchainLivre

À vos marques, prêts... Partez !

Saviez-vous qu'il existe environ 7 000 langues différentes dans le monde ? Les mots sont précieux.

Nous aimons les langues et avons travaillé dur pour créer les livres de la plus haute qualité pour vous. Nos ingrédients ?

Une sélection des thématiques d'apprentissage adaptée, trois belles parts de divertissement, puis nous ajoutons une cuillère de mots difficiles et une pincée de mots rares. Nous les servons avec soin et un maximum de plaisir pour vous permettre de résoudre les meilleurs jeux de mots mêlés qui soient et d'apprendre en vous amusant !

Votre avis est essentiel. Vous pouvez participer activement au succès de ce livre en nous laissant un commentaire. Nous aimerions vraiment savoir ce que vous avez préféré dans cette édition !

Voici un lien rapide qui vous mènera à la page d'évaluation de vos commandes :

BestBooksActivity.com/Avis50

Merci pour votre aide et amusez-vous bien !

De la part de toute l'équipe

1 - Été

```
C Q V J B G R Ă D I N Ă C S
X J T Ţ M U Z I C Ă I O Ă T
B F C Q O P C M X U K D R E
S A N D A L E U P L E R Ţ L
C M R E L A X A R E M Ţ I E
U I C J G J R B I I L A J O
F L K A G Ă Y Q E U E L R L
U I D O M W E E T O N I K E
N E M S Ţ P E R E J F M I L
D B D V B C I L N O V E R Ţ
Ă D N J F N E N I C W N I L
R V A C A N Ţ Ă G U N T Y Q
I T I M P L I B E R P E U B
C Ă L Ă T O R I E I T W N Ţ
```

PRIETENI   MARE
CAMPING   MUZICĂ
STELE   ALIMENTE
FAMILIE   PLAJĂ
GRĂDINĂ   SCUFUNDĂRI
JOCURI   RELAXARE
BUCURIE   SANDALE
CĂRŢI   VACANŢĂ
TIMP LIBER   CĂLĂTORIE

2 - Adjectifs #2

```
P R E S P O N S A B I L E D
U Z D F C R E A T I V D L E
R Z R F X D O A O C N E E S
W N A O D N W D A A N B G C
P B M Â N D R U U Ţ O M A R
A U A G Ţ P H O S C U C N I
U S T S Ă N Ă T O S T F T P
T Ă I E R C L N K Ă A I M T
E L C M R Z C U E R L R V I
N B Ţ F V N Y U E A E E E V
T A S X Y W I S O T N S C H
I T M R Y U S C A T T C D B
C I U I N T E R E S A N T C
W C K C E L E B R U T I R A
```

AUTENTIC
CELEBRU
CREATIV
DESCRIPTIV
TALENTAT
DRAMATIC
ELEGANT
MÂNDRU
PUTERNIC
INTERESANT

FIRESC
NOU
PRODUCTIV
PUR
RESPONSABIL
SĂNĂTOS
SĂRAT
SĂLBATIC
USCAT

3 - Exploration

```
E  P  U  I  Z  A  R  E  D  X  J  A  E  P
P  E  R  I  C  O  L  E  E  A  Z  N  G  H
S  N  L  Y  V  S  E  H  T  Q  D  I  G  U
I  E  Î  N  O  U  Ţ  J  E  L  I  M  B  A
Q  C  N  P  J  E  G  Ţ  R  D  P  A  A  C
F  U  D  P  D  S  N  Y  M  T  E  L  C  Ă
A  N  E  M  O  Ţ  I  E  I  C  R  E  T  L
B  O  P  S  C  I  N  O  N  U  I  X  I  Ă
Z  S  Ă  P  T  U  T  G  A  L  C  I  V  T
D  C  R  A  O  L  R  O  R  T  U  T  I  O
Ţ  U  T  Ţ  O  E  B  A  E  U  L  E  T  R
V  T  A  I  H  E  M  B  J  R  O  R  A  I
C  B  Î  U  Y  Ţ  T  E  I  I  S  E  T  E
S  Ă  L  B  A  T  I  C  G  Y  B  N  E  T
```

ACTIVITATE	NECUNOSCUT
ANIMALE	LIMBA
CURAJ	ÎNDEPĂRTAT
CULTURI	NOU
PERICOLE	PERICULOS
DETERMINARE	QUEST
SPAŢIU	SĂLBATIC
EMOŢIE	TEREN
EPUIZARE	CĂLĂTORIE

4 - Formes

```
H F O O E P B Z F V W Q A T
O I W D M A Ă A C T P A P R
F Y P G D R Y T A E S W I I
Q D C E W T C A R J V G R U
N O P T R E A H J A Ţ S A N
C O L Ţ P B U Y C K T C M G
O V I N B O O W Ţ E I M I H
N A N R B S L L V V A A D I
E L I P S Ă S I Ă Q O R Ă K
U F A C U R B Ă G Ţ F G S X
Z Z R P R I S M Ă O O I F H
O Q C I L I N D R U N N E Q
D R E P T U N G H I S I R H
F K C C U B C E R C R X Ă G
```

ARC
MARGINI
PĂTRAT
CERC
COLŢ
CURBĂ
CON
PARTE
CUB
CILINDRU

ELIPSĂ
HIPERBOLĂ
LINIA
OVAL
POLIGON
PRISMĂ
PIRAMIDĂ
DREPTUNGHI
SFERĂ
TRIUNGHI

5 - Salle de Bains

```
C  D  M  T  I  N  U  S  A  W  B  U  L  E
N  O  A  L  O  F  K  Y  A  Y  F  C  L  W
P  G  V  L  Z  A  R  P  B  T  O  H  O  Z
T  L  B  O  M  Ţ  L  R  U  P  A  I  Ţ  J
E  I  J  A  R  S  K  E  R  D  R  U  I  D
P  N  T  P  L  Z  Ă  S  T  P  F  V  U  J
U  D  L  Ă  O  J  J  P  D  Ă  E  E  N  X
Z  Ă  H  V  Ţ  J  Z  A  U  H  C  T  E  R
R  O  B  I  N  E  T  R  Ș  N  E  Ă  S  A
B  A  I  E  B  E  L  F  Ș  A  M  P  O  N
L  F  H  Y  C  X  B  U  R  E  T  E  D  G
J  K  F  K  E  I  Z  M  P  R  O  S  O  P
B  T  J  T  F  I  F  D  R  N  A  V  B  T
H  C  Q  J  Ţ  B  Y  B  H  S  H  T  R  E
```

BAIE	PARFUM
BULE	ROBINET
FOARFECE	SĂPUN
DUȘ	PROSOP
APĂ	ȘAMPON
BURETE	COVOR
CHIUVETĂ	TOALETĂ
LOȚIUNE	ABUR
OGLINDĂ	

6 - Adjectifs #1

```
A E S C I S A R Ț W G S N P
Z X V J S C U C R P R I E E
S O P V U Ț X B T Q E N V R
A T R A C T I V Ț I U C I F
Y I P D K S D Q Y I V E N E
A C Z H I Î E M H H R R O C
M U Ț Ț M N N Ț B Z H E V T
P O B I E C T Z V U I D A A
A B D B N E I P A Q E E T B
O M Ț E S T C G E N E R O S
Q V F U R A M B I Ț I O S O
Z P P O Y N T I N E R I B L
A R T I S T I C U N H I W U
A R O M A T F F R U M O S T
```

ABSOLUT
ACTIV
AMBIȚIOS
AROMAT
ARTISTIC
ATRACTIV
FRUMOS
EXOTIC
IMENS
GENEROS

SINCER
IDENTIC
NEVINOVAT
TINERI
ÎNCET
GREU
SUBȚIRE
MODERN
PERFECT

7 - Instruments de Musique

```
C C I M E F T R O M P E T Ă
Z H L R I S A X O F O N A V
G A I A X H T G P I A N M I
I R Q T R V Y O O I Z Ţ B O
C P Z A A I O N T T M W U L
N Ă M R J R N G C S O Ţ R O
C Ţ A R H T Ă E A R S A I N
O U N F L A U T T Z G H N C
S B D T O B Ă Y V Z L K Ă E
X U O M U Z I C U Ţ Ă D C L
W E L T R O M B O N R A L N
M M I M M A R I M B A T C H
B A N J O P E R C U Ţ I E A
C Z Ă O B O I V I O A R Ă S
```

BANJO	MARIMBA
FAGOT	PERCUŢIE
CLARINET	PIAN
FLAUT	SAXOFON
GONG	TOBĂ
CHITARĂ	TAMBURINĂ
MUZICUŢĂ	TROMBON
HARPĂ	TROMPETĂ
OBOI	VIOARĂ
MANDOLINĂ	VIOLONCEL

8 - Échecs

```
H  X  T  D  I  A  G  O  N  A  L  Ă  P  M
I  S  I  N  I  H  L  M  O  I  K  P  R  J
S  T  M  C  O  N  C  U  R  S  Y  A  O  R
A  R  P  C  S  N  T  P  W  F  F  S  V  R
C  A  M  P  I  O  N  E  G  R  U  I  O  E
R  T  L  T  D  C  F  J  L  B  V  V  C  G
I  E  G  B  X  N  T  R  N  I  W  C  Ă  I
F  G  A  D  V  E  R  S  A  R  G  E  R  N
I  I  D  J  G  Z  E  S  K  D  T  E  I  Ă
C  E  V  Y  X  Z  G  W  X  H  R  T  N  J
I  R  J  O  C  P  U  N  C  T  E  Z  P  T
U  V  E  U  X  V  L  J  U  C  Ă  T  O  R
D  Ţ  H  G  Y  Y  I  T  U  R  N  E  U  I
J  R  A  P  E  Ţ  X  B  Q  E  E  A  Q  J
```

ADVERSAR
ALB
CAMPION
CONCURS
PROVOCĂRI
DIAGONALĂ
INTELIGENT
JOC
JUCĂTOR
NEGRU

PASIV
PUNCTE
REGINĂ
REGULI
REGE
SACRIFICIU
STRATEGIE
TIMP
TURNEU

9 - Herboristerie

```
F  S  A  D  A  F  Y  F  B  C  C  W  P  V
R  Ș  Ț  R  A  Q  D  L  U  I  U  B  M  Z
R  O  L  U  O  F  O  O  S  M  L  W  M  O
G  F  Z  Q  Q  M  C  A  U  B  I  P  A  X
A  R  O  M  A  T  Ă  R  I  R  N  Ă  G  M
V  A  Ă  L  A  Z  O  E  O  U  A  T  H  Z
Ț  N  C  D  L  R  X  B  C  R  R  R  I  Y
P  J  O  X  I  Y  I  E  A  L  Y  U  R  J
M  E  N  T  Ă  N  G  N  L  R  Y  N  A  E
V  E  R  D  E  J  Ă  E  I  U  J  J  N  X
F  E  N  I  C  U  L  F  T  F  Q  E  J  C
L  A  V  A  N  D  Ă  I  A  B  T  L  Z  T
U  S  T  U  R  O  I  C  T  A  R  H  O  N
O  I  U  M  I  N  G  R  E  D  I  E  N  T
```

USTUROI	LAVANDĂ
AROMAT	MAGHIRAN
BUSUIOC	MENTĂ
BENEFIC	PĂTRUNJEL
CULINAR	CALITATE
TARHON	ROZMARIN
FENICUL	ȘOFRAN
FLOARE	AROMĂ
INGREDIENT	CIMBRU
GRĂDINĂ	VERDE

10 - Véhicules

```
A M P T P M E T R O U A A R
V A S R A O L T P S G M K G
I Ș C A I T I R A G C B A C
O I U C M O C Z A X F U M R
N N T T Z R O A T Ț I L H A
N Ă E O F S P H C O G A G C
Ț T R R A U T O B U Z N S H
C A M I O N E A R H D Ț V E
N P L U T Ă R J U X Y Ă Z T
A N V E L O P E B A R C Ă Ă
V C A R A V A N Ă Q I N G D
E D K B I C I C L E T Ă G N
T S U B M A R I N E E R M T
Ă G H F P G W X S M O E G M
```

AMBULANȚĂ	MOTOR
AVION	NAVETĂ
BARCĂ	ANVELOPE
AUTOBUZ	PLUTĂ
CAMION	SCUTER
CARAVANĂ	SUBMARIN
BAC	TAXI
RACHETĂ	TRACTOR
ELICOPTER	BICICLETĂ
METROU	MAȘINĂ

11 - Camping

```
E A N F O C V V H H A R T Ă
U V A J R R L A C A N O E Q
Ţ E T F E C H I P A M E N T
B N U A N I M A L E R A T C
B T R Y S I Q F P S V D C A
U U Ă M U N T E Ă Ă F D O B
S R F Q S S H L L V D D R I
O Ă R S O E R I Ă L Ţ U T N
L Z Â A Q C H N R U Ţ K R Ă
Ă B N R N T P A I N C V P E
T O G W Q Ă Y R E A X P P W
D Z H V Â N Ă T O A R E J P
B G I M C Ţ Y O A W B U P W
L N E I Ţ V L P F U M E J F
```

ANIMALE	FOC
AVENTURĂ	PĂDURE
BUSOLĂ	HAMAC
CABINĂ	INSECTĂ
CANOE	LAC
HARTĂ	FELINAR
PĂLĂRIE	LUNA
VÂNĂTOARE	MUNTE
FRÂNGHIE	NATURĂ
ECHIPAMENT	CORT

12 - Conservation

```
Y  U  I  C  X  A  E  O  Ţ  P  S  Ţ  D  H
W  L  U  U  X  H  F  W  E  E  Ă  O  U  X
S  H  H  B  J  E  F  A  W  S  N  R  R  M
O  A  K  V  C  D  S  I  C  T  Ă  G  A  O
V  B  S  R  E  U  F  J  G  I  T  A  B  D
F  I  R  E  S  C  T  O  K  C  A  N  I  I
H  T  V  D  G  A  I  J  S  I  T  I  L  F
X  A  H  U  J  Ţ  Z  C  C  D  E  C  Ă  I
A  T  H  C  G  I  P  O  L  U  A  R  E  C
B  S  J  E  C  E  A  M  I  U  W  A  P  Ă
E  C  O  S  I  S  T  E  M  E  D  I  U  R
Q  F  R  E  C  I  C  L  A  R  E  Z  D  I
V  O  L  U  N  T  A  R  T  V  E  R  D  E
D  G  P  M  O  A  U  Y  F  K  K  Ţ  G  G
```

VOLUNTAR	HABITAT
MODIFICĂRI	FIRESC
CLIMAT	ORGANIC
CICLU	PESTICID
DURABILĂ	POLUARE
APĂ	RECICLARE
MEDIU	REDUCE
ECOSISTEM	SĂNĂTATE
EDUCAŢIE	VERDE

13 - Écologie

```
V O L U N T A R I C U X P F
I A Q H A B I T A T G I L A
D U R A B I L Ă N S Z C A U
M F F I R E S C M A U O N N
G L S P E C I E A Q T M T Ă
V O A U K T V R R A P U E T
N R I Ș O A A B I R S N R X
R Ă Ţ J T X Y T N E V I C Ă
F V D O N I F R E S K T L V
M Y H Q D Q N S R U H Ă I O
W C P Q Ţ Z D Ă D R O Ţ M Z
V E G E T A Ţ I E S L I A V
G L O B A L F J S E C E T Ă
S U P R A V I E Ţ U I R E X
```

VOLUNTARI
CLIMAT
COMUNITĂȚI
DURABILĂ
SPECIE
FAUNĂ
FLORĂ
GLOBAL
HABITAT
MLAȘTINĂ

MARIN
NATURĂ
FIRESC
PLANTE
RESURSE
SECETĂ
SUPRAVIEȚUIRE
VARIETATE
VEGETAȚIE

14 - Astronomie

```
C O N S T E L A Ţ I E R D U
P L A N E T Ă B A N A Y G Q
S P N O K E L I S O Q S Y I
A U D J X Ţ Y U T U L X U V
E M P N Y U S N E C V R M W
C E R E E A S T R O N A U T
H T A U R B Z B O S S D R D
I E C C N N U I I M O I N E
N O H U Q I O L D O L A M C
O R E L Ţ W V V O S A Ţ L L
C R T S R W K E Ă A R I U I
Ţ P Ă M Â N T K R U S E N P
I G A L A X I E V S U Ă A S
U A S T R O N O M K G S Ţ Ă
```

ASTEROID	LUNA
ASTRONAUT	METEOR
ASTRONOM	NEBULOASĂ
CER	PLANETĂ
CONSTELAŢIE	RADIAŢIE
COSMOS	SOLAR
ECLIPSĂ	SUPERNOVĂ
ECHINOCŢIU	PĂMÂNT
RACHETĂ	UNIVERS
GALAXIE	

15 - Types de Cheveux

```
M  C  H  C  B  U  C  L  E  G  M  P  D  A
A  H  O  K  H  D  M  M  Q  T  H  I  T  L
R  G  F  L  R  E  T  S  V  L  G  G  R  I
O  L  D  I  O  Y  L  Ă  G  M  W  R  J  H
S  U  B  Ț  I  R  E  N  E  G  R  U  O  H
C  C  T  E  X  O  A  Ă  V  U  O  K  B  S
U  I  W  G  B  N  L  T  N  C  Ț  F  L  F
R  O  U  L  V  D  B  O  E  J  G  G  O  Ț
T  S  Y  L  Z  U  X  S  I  B  F  J  N  Q
U  S  C  A  T  L  Q  U  U  Y  K  C  D  A
Q  B  A  D  F  A  R  G  I  N  T  R  C  D
Ț  O  L  U  V  T  K  L  U  N  G  E  B  Y
A  U  D  M  G  I  Î  M  P  L  E  T  I  T
U  F  D  M  N  H  Z  R  M  O  A  L  E  L
```

ARGINT	CRET
ALB	GRI
BLOND	LUNG
BUCLE	MARO
LUCIOS	SUBȚIRE
CHEL	NEGRU
COLORATE	ONDULAT
SCURT	SĂNĂTOS
MOALE	USCAT
GROS	ÎMPLETIT

16 - Restaurant #1

```
S  R  W  D  B  C  A  R  N  E  Y  A  F  Y
O  S  E  Q  J  A  T  X  F  Y  B  L  D  Y
S  R  B  Z  Y  S  P  Â  I  N  E  I  E  C
M  O  G  M  E  T  X  P  L  E  U  M  S  Y
C  N  D  N  X  R  C  A  F  E  A  E  E  M
A  C  Y  Z  A  O  V  I  B  Q  Ș  N  R  E
S  P  I  C  A  N  T  A  U  G  E  T  T  N
I  A  L  E  R  G  I  E  R  V  R  E  K  I
E  F  A  R  F  U  R  I  E  E  V  T  Ț  U
R  N  I  I  N  G  R  E  D  I  E  N  T  E
B  U  C  Ă  T  Ă  R  I  E  M  Ț  E  L  H
C  H  E  L  N  E  R  I  Ț  Ă  E  Y  Q  H
C  U  Ţ  I  T  L  E  K  O  C  L  L  T  T
M  B  D  P  U  I  K  X  Y  T  G  J  V  I
```

ALERGIE
FARFURIE
CASTRON
CAFEA
CASIER
CUȚIT
BUCĂTĂRIE
DESERT
PICANT
INGREDIENTE

MENIU
ALIMENTE
PÂINE
PUI
REZERVARE
SOS
CHELNERIȚĂ
ȘERVEȚEL
CARNE

17 - Mammifères

```
D  I  E  P  U  R  E  T  G  S  Z  Y  N  S
I  E  U  C  L  B  P  I  S  I  C  Ă  Q  C
L  N  L  S  C  A  N  G  U  R  E  C  P  O
E  V  K  F  L  L  N  R  G  I  R  A  F  Ă
U  N  O  A  I  E  Y  U  Z  M  V  L  Ţ  T
C  O  I  O  T  N  E  L  E  F  A  N  T  A
T  M  N  R  O  Ă  R  U  T  V  J  D  E  U
Q  Ţ  A  X  T  M  N  P  O  U  Z  Z  K  R
G  F  H  I  C  Â  I  N  E  L  B  E  X  G
C  O  U  X  M  K  Q  Ţ  A  P  F  B  A  L
V  L  R  C  T  U  B  C  O  E  W  R  H  A
W  N  S  I  Z  U  Ţ  H  G  W  X  Ă  I  Y
O  G  M  G  L  W  N  Ă  H  D  I  B  D  J
Q  M  O  D  E  Ă  E  K  B  G  F  W  L  X
```

BALENĂ	IEPURE
PISICĂ	LEU
CAL	LUP
CÂINE	OAIE
COIOT	URS
DELFIN	VULPE
ELEFANT	MAIMUŢĂ
GIRAFĂ	TAUR
GORILĂ	TIGRU
CANGUR	ZEBRĂ

18 - Sports

```
O  Ț  B  D  Z  C  B  T  X  R  U  O  T  J
I  V  E  W  H  Ț  P  A  E  F  Z  R  O  U
Z  V  I  U  P  Ț  O  T  S  N  M  L  L  C
B  A  S  E  B  A  L  L  J  C  I  T  C  Ă
G  B  T  E  C  I  A  E  O  A  H  S  Â  T
I  I  A  Ț  A  H  O  T  C  N  H  E  Ș  O
M  C  D  F  M  O  I  D  K  T  V  P  T  R
N  I  I  E  P  C  P  P  H  R  D  Ț  I  T
A  C  O  D  I  H  W  B  Ă  E  A  G  G  A
S  L  N  V  O  E  S  G  P  N  X  Ț  Ă  H
T  E  V  W  N  I  S  A  Q  O  T  W  T  K
I  T  N  D  A  R  B  I  T  R  U  W  O  P
C  Ă  D  R  T  M  I  Ș  C  A  R  E  R  U
Ă  G  O  L  F  Q  Y  B  Y  A  S  X  L  W
```

ARBITRU	GIMNASTICĂ
ATLET	HOCHEI
BASEBALL	JOC
BASCHET	JUCĂTOR
CAMPIONAT	MIȘCARE
ANTRENOR	STADION
ECHIPĂ	TENIS
CÂȘTIGĂTOR	BICICLETĂ
GOLF	

19 - Chocolat

```
A N T I O X I D A N T C Y Y
G M P Z C A R A M E L A E J
M V N F K A R O M Ă X L R A
A F E A D I L V V B D I E N
Z P F V U N D O H W P T Ț C
Z K D O L G B Z R P P A E A
A M A R C R N L B I Ț T C
H J Ț I E E X O Ț Y I E Ă A
Ă I U T W D E L I C I O S O
R V V H Z I B O M B O A N E
N U C Ă D E C O C O S Y W Ț
S T C J H N G U S T K M P G
Z B V D X T A R A H I D E Z
E X O T I C T J N P O F T A
```

AMAR	EXOTIC
ANTIOXIDANT	FAVORIT
BOMBOANE	GUST
ARAHIDE	INGREDIENT
CACAO	NUCĂ DE COCOS
CALORII	CALITATE
CARAMEL	REȚETĂ
DELICIOS	AROMĂ
DULCE	ZAHĂR
POFTA	

20 - Mathématiques

```
E X P O N E N T P E F T A G
S I M E T R I E E C R R R E
Ț N D I A M E T R U A I I O
Ț V M Y Ț R G E P A C U T M
U N G H I U R I E Ț Ț N M E
P G L G S V S O N I I G E T
Z A Z U U O I G D E U H T R
P E R N M L H T I M N I I I
Ă D C A Ă U X B C Q E V C E
T M P I L M Q J U I K Q Ă Q
R W U Q M E P O L I G O N F
A R G X N A L K A Ț B J U F
T U Q Q P E L H R T R U O Ț
C I R C U M F E R I N Ț Ă F
```

UNGHIURI	GEOMETRIE
ARITMETICĂ	PARALEL
PĂTRAT	PERPENDICULAR
CIRCUMFERINȚĂ	POLIGON
ZECIMAL	SUMĂ
DIAMETRU	SIMETRIE
EXPONENT	TRIUNGHI
ECUAȚIE	VOLUM
FRACȚIUNE	

21 - Mythologie

```
R  J  Y  M  T  T  K  B  R  M  X  R  S  L
G  G  A  A  F  Ă  O  P  U  O  M  Ă  I  E
E  Y  N  G  P  R  M  H  I  N  A  Z  C  G
L  A  B  I  R  I  N  T  H  S  C  B  U  E
O  F  V  C  D  E  Z  A  S  T  R  U  L  N
Z  R  U  N  E  M  U  R  I  R  E  N  T  D
I  Ă  E  L  Q  W  J  H  K  U  A  A  U  Ă
E  Z  L  R  G  K  I  E  Y  O  R  R  R  B
I  B  P  D  O  E  O  T  J  P  E  E  Ă  I
W  O  S  N  M  U  R  I  T  O  R  O  P  F
H  I  R  O  J  F  Ă  P  T  U  R  Ă  Y  G
L  N  C  O  M  P  O  R  T  A  M  E  N  T
U  I  C  R  E  D  I  N  Ț  E  Y  N  X  F
U  C  E  O  X  I  J  Z  T  U  N  E  T  F
```

ARHETIP	EROU
DEZASTRU	NEMURIRE
COMPORTAMENT	GELOZIE
CREARE	LABIRINT
FĂPTURĂ	LEGENDĂ
CREDINȚE	MAGIC
CULTURĂ	MONSTRU
FULGER	MURITOR
TĂRIE	TUNET
RĂZBOINIC	RĂZBUNARE

22 - Restaurant #2

```
M Z X Ţ P H R G X C A I I D
H D I D G K P D V O U Ă C O
U T B Ă U T U R Ă N G R H Q
P R Â N Z L S K F D P Q E U
S C A U N S A R E I G G L B
F M P G H E A Ţ Ă M C I N A
U R Ă D A U K L P E Ş T E L
R K U J G P P E A N Ţ S R E
C L C C M C E M T T L U T G
Ă I N H T Q T R R E Ă P U U
D E L I C I O S I X M Ă T M
U L I N G U R Ă Y T J R I E
H Y I D Ţ O T M C T I H I J
G J P Y U E N N E A Y V N T
```

APERITIV
BĂUTURĂ
SCAUN
LINGURĂ
PRÂNZ
DELICIOS
CINA
APĂ
CONDIMENTE
FURCĂ

FRUCT
TORT
GHEAŢĂ
LEGUME
OUĂ
PEŞTE
SALATĂ
SARE
CHELNER
SUPĂ

23 - Couleurs

```
X  K  V  P  H  L  E  M  A  G  E  N  T  A
O  A  E  U  Y  F  B  C  A  B  L  Z  G  L
Ț  Y  R  Y  S  D  E  G  G  R  P  Ț  A  B
R  K  D  I  L  Z  B  H  F  O  O  W  L  W
U  G  E  P  K  C  X  F  L  Ș  R  V  B  V
S  E  P  I  A  U  Z  C  L  U  T  T  E  V
C  R  I  M  S  O  N  Y  H  I  O  L  N  S
V  O  O  N  K  Q  M  A  F  U  C  S  I  E
P  U  U  F  D  V  K  N  N  Q  A  C  F  V
G  O  A  K  V  I  O  L  E  T  L  H  Z  H
O  E  E  Z  D  B  G  N  G  C  I  U  Q  J
E  G  R  I  U  V  H  O  R  R  U  B  E  J
Ț  D  O  G  B  R  H  G  U  P  Q  W  P  D
F  K  Z  A  L  B  A  S  T  R  U  K  Y  E
```

AZUR	MAGENTA
BEJ	MARO
ALB	NEGRU
ALBASTRU	PORTOCALIU
CRIMSON	ROZ
CYAN	ROȘU
FUCSIE	SEPIA
GRI	VERDE
INDIGO	VIOLET
GALBEN	

24 - Avions

```
P G A E R B Ț F Q U H A A R
A I S T O R I E V M I L V Y
C Q L P M J O B V F D T E T
O O R O W O Ț T P L R I N H
B C M D T R S P Y A O T T A
O E G B O H J F H D G U U T
R R S U U A L K E I E D R E
Â U L P A S A G E R N I Ă R
R P J H J O T Y P E Ă N L I
E C H I P A J I S C M E B Z
Î N Ă L Ț I M E B Ț B E A A
R X E N Ț J E D U I T C L R
M O T O R U R N V E L X O E
C O N S T R U C Ț I E I N O
```

AER	DIRECȚIE
ALTITUDINE	ECHIPAJ
ATMOSFERĂ	UMFLA
ATERIZARE	ÎNĂLȚIME
AVENTURĂ	ISTORIE
BALON	HIDROGEN
COMBUSTIBIL	MOTOR
CER	PASAGER
CONSTRUCȚIE	PILOT
COBORÂRE	

25 - Aventure

```
E P D Q P A N B U C U R I E
N E I J R C I A C U R A J D
T R F S E T J T T I C F N U
U I I U G I Y N I U C B A R
Z C C R Ă V V E X N R S V S
I U U P T I E O Y R E Ă I I
A L L R I T X B V Z Ţ R G G
S O T I R A C I J R Z L A U
M S A N E T U Ș N W W E R R
T X T Z A E R N S O F U E A
V V E Ă B V S U E K U L P N
H T H T P R I I Ş A N S Ă Ţ
G Z U O N H E T A A I G V Ă
O P O R T U N I T A T E J H
```

ACTIVITATE
CURAJ
ŞANSĂ
PERICULOS
DIFICULTATE
ENTUZIASM
EXCURSIE
NEOBIȘNUIT
ITINERAR

BUCURIE
NATURĂ
NAVIGARE
NOU
OPORTUNITATE
PREGĂTIREA
SIGURANŢĂ
SURPRINZĂTOR

26 - Ville

```
B A M T P H H F R L S X C C
R K D M S J T A E S T D I L
U B S A V O E R S U A B N I
T B Ş T Y W A M T P D M E N
Ă H M C H H T A A E I E M I
R O A U O V R C U R O A A C
I T Q S Z A U I R M N L Ţ A
E E W F D E L E A A A I B Ă
F L O R A R U Ă N R Ţ B A X
S A L O N P W U T K F R N I
N C G A L E R I E E D Ă C L
F Y B H K I C D Q T U R Ă T
A E R O P O R T C W A I R X
B I B L I O T E C Ă Z E S Z
```

AEROPORT	LIBRĂRIE
BANCĂ	PIAŢĂ
BIBLIOTECĂ	MUZEU
BRUTĂRIE	FARMACIE
CINEMA	RESTAURANT
CLINICA	SALON
ŞCOALĂ	STADION
FLORAR	SUPERMARKET
GALERIE	TEATRU
HOTEL	

27 - Cuisine

```
M  F  Z  O  R  C  B  M  Q  R  D  D  B  U
J  U  L  I  N  G  U  R  I  F  T  X  O  E
G  R  Ă  T  A  R  R  C  W  X  U  Z  R  X
N  C  U  Ț  I  T  E  J  L  G  L  E  C  P
L  I  C  U  P  E  T  P  P  N  C  U  A  A
C  W  Ș  E  R  V  E  Ț  E  L  I  Y  N  R
I  B  N  C  L  K  R  P  O  L  O  N  I  C
C  O  N  D  I  M  E  N  T  E  R  L  Ş  K
L  U  K  D  F  Z  Ț  C  A  S  T  R  O  N
Ţ  W  P  V  K  B  E  Ț  I  Ș  O  A  R  E
D  Q  E  T  W  A  T  Y  Q  G  T  V  Ţ  V
A  S  L  T  O  Q  Ă  C  E  A  I  N  I  C
Y  Q  G  U  F  R  I  G  I  D  E  R  F  I
C  O  N  G  E  L  A  T  O  R  R  K  F  X
```

BEȚIȘOARE	FURCI
CASTRON	GRĂTAR
CEAINIC	POLONIC
CONGELATOR	BORCAN
CUȚITE	REȚETĂ
ULCIOR	FRIGIDER
LINGURI	ȘERVEȚEL
CONDIMENTE	ȘORȚ
BURETE	CUPE
CUPTOR	

28 - Gentillesse

```
T  B  L  Â  N  D  A  T  E  N  T  P  I  Z
O  C  O  M  P  A  S  I  U  N  E  A  W  I
L  R  K  H  H  H  Q  F  C  I  R  C  W  Y
E  A  E  L  N  F  U  E  T  H  E  I  W  N
R  Q  F  S  E  E  E  R  W  W  C  E  Y  J
A  H  Z  E  P  P  R  I  E  T  E  N  O  S
N  S  I  N  C  E  R  C  F  N  P  T  I  A
T  J  L  D  V  T  C  I  K  X  T  Y  U  U
Q  E  U  R  G  I  U  T  U  U  I  Q  B  T
G  E  N  E  R  O  S  O  U  T  V  A  I  E
O  A  A  X  E  B  E  J  S  O  I  H  T  N
O  S  P  I  T  A  L  I  E  R  S  L  O  T
Î  N  Ț  E  L  E  G  E  R  E  Q  Q  R  I
D  E  Î  N  C  R  E  D  E  R  E  H  Q  C
```

AFECTUOS	GENEROS
IUBITOR	FERICIT
PRIETENOS	SINCER
ATENT	OSPITALIER
AUTENTIC	PACIENT
COMPASIUNE	RESPECTUOS
ÎNȚELEGERE	RECEPTIV
BLÂND	TOLERANT
DE ÎNCREDERE	UTIL

29 - Corps Humain

```
Q  Y  B  H  H  Z  L  F  Y  B  P  P  Z  S
A  T  A  Ă  N  Q  J  M  A  O  M  I  C  G
U  U  O  U  R  E  C  H  E  Z  P  E  N  E
L  Z  R  D  H  B  G  B  D  Y  B  L  E  N
N  N  N  E  B  B  I  N  I  M  Ă  E  S  U
F  F  A  G  E  B  W  E  O  Â  B  I  T  N
C  A  S  E  C  C  W  G  U  N  O  F  O  C
O  H  L  T  R  A  R  U  M  Ă  R  G  M  H
T  I  K  C  R  P  J  E  B  U  Z  E  A  I
G  U  R  Ă  Ă  A  O  N  I  Z  B  F  C  S
Â  G  L  E  Z  N  Ă  D  J  E  S  A  P  Â
T  N  Q  F  K  L  G  E  H  O  R  Ț  V  N
B  E  J  Z  C  G  X  Q  B  U  N  Ă  T  G
U  K  I  B  I  Ț  Q  G  T  T  L  X  B  E
```

GURĂ	BUZE
CREIER	MÂNĂ
GLEZNĂ	FALCĂ
GÂT	BĂRBIE
COT	NAS
INIMĂ	URECHE
DEGET	PIELE
STOMAC	SÂNGE
UMĂR	CAP
GENUNCHI	FAȚĂ

30 - Épices

```
U  N  C  C  T  O  P  K  X  T  O  P  C  N
M  S  T  I  H  J  J  D  J  C  A  A  E  U
A  L  T  L  M  I  O  H  V  D  S  P  A  C
O  P  C  U  U  H  M  O  E  H  G  R  P  Ş
U  Ş  O  F  R  A  N  I  K  F  C  I  Ă  O
W  P  R  X  R  O  U  F  O  E  U  K  G  A
C  P  I  P  E  R  I  Z  G  N  R  A  H  R
K  C  A  N  A  S  O  N  V  I  R  R  I  Ă
M  W  N  M  Ţ  N  Y  T  D  C  Y  O  M  P
R  H  D  R  V  H  V  D  J  U  K  M  B  S
C  A  R  D  A  M  O  M  Z  L  V  Ă  I  A
C  C  U  L  E  M  N  D  U  L  C  E  R  R
L  R  S  C  O  R  Ţ  I  Ş  O  A  R  Ă  E
T  U  X  A  M  A  R  V  A  N  I  L  I  E
```

ACRU	GHIMBIR
USTUROI	NUCŞOARĂ
AMAR	CEAPĂ
ANASON	PAPRIKA
SCORŢIŞOARĂ	PIPER
CARDAMOM	LEMN DULCE
CORIANDRU	ŞOFRAN
CHIMION	AROMĂ
CURRY	SARE
FENICUL	VANILIE

31 - Science

```
Q N F I Z I C Ă C A X C D G
P A R T I C U L E L T V R O
X T I L P H P W L H I O H A
X U V A O I F V X V S M M C
S R Y B T M O R A N K R A X
Ţ Ă B O E I S M E T O D Ă T
E N S R Z C I K C P N U L Ţ
Q G W A Ă H L A F S S U D E
F A P T G R A V I T A Ţ I E
Z U Z O E V O L U Ţ I E O B
W V C R M I N E R A L E B R
D A T E X P E R I M E N T G
R G U D O B S E R V A R E N
T Z K Y O R G A N I S M N O
```

ATOM	IPOTEZĂ
CHIMIC	LABORATOR
CLIMAT	METODĂ
DATE	MINERALE
EXPERIMENT	NATURĂ
EVOLUŢIE	OBSERVARE
FAPT	ORGANISM
FOSIL	PARTICULE
GRAVITAŢIE	FIZICĂ

32 - Chats

```
A  I  I  X  P  A  J  U  C  Ă  U  Ş  I  Ş
F  L  N  N  G  K  M  B  X  F  E  C  V  O
E  A  E  D  H  L  V  U  H  I  F  Z  S  A
C  B  B  T  E  Z  T  Z  Z  S  F  B  Ă  R
T  A  U  R  A  P  I  D  S  A  H  M  L  E
U  J  N  Z  R  H  E  Y  L  S  N  Z  B  C
O  R  G  A  Ă  L  M  N  W  F  B  T  A  E
S  G  I  O  M  C  O  A  D  Ă  L  X  T  W
O  F  I  R  E  U  A  Ţ  F  E  A  V  I  E
M  P  B  R  P  R  L  D  H  T  N  R  C  M
N  W  T  I  M  I  D  V  Â  N  Ă  T  O  R
R  P  E  R  S  O  N  A  L  I  T  A  T  E
M  O  T  U  U  S  X  B  I  Ţ  M  I  C  Z
R  G  G  I  U  X  H  M  B  C  B  B  N  Y
```

AFECTUOS	INDEPENDENT
VÂNĂTOR	LABA
CURIOS	PERSONALITATE
SOMN	MIC
AMUZANT	COADĂ
JUCĂUŞ	RAPID
FIRE	SĂLBATIC
NEBUN	ȘOARECE
BLANĂ	TIMID
GHEARĂ	

33 - Vêtements

```
X  C  O  A  S  X  F  M  I  L  D  X  T  U
B  L  U  G  I  M  Y  F  B  L  U  Z  Ă  V
R  R  X  R  P  A  N  T  O  F  Ţ  K  G  S
Ă  F  O  Ţ  E  Ș  A  R  F  Ă  Q  G  Y  P
Ţ  U  A  C  P  A  N  T  A  L  O  N  I  Ă
A  S  M  Ţ  H  M  O  D  Ă  H  E  I  Z  L
R  T  T  J  P  I  J  A  M  A  B  S  R  Ă
Ă  A  U  P  V  X  E  O  Ă  I  O  C  Z  R
F  F  S  A  C  O  U  G  N  N  Z  O  X  I
Ş  O  R  Ţ  E  Ă  Q  Ţ  U  A  B  L  Z  E
J  M  Z  C  V  Q  M  B  Ş  W  P  I  R  N
P  U  L  O  V  E  R  A  I  C  W  E  Ţ  L
S  A  N  D  A  L  E  N  Ş  P  X  R  D  Z
V  H  Q  I  P  B  D  N  S  Ă  B  P  P  C
```

BRĂŢARĂ	FUSTA
CUREA	HAINA
PĂLĂRIE	MODĂ
PANTOF	PANTALONI
CĂMAŞĂ	PULOVER
BLUZĂ	PIJAMA
COLIER	ROCHIE
EŞARFĂ	SANDALE
MĂNUŞI	ŞORŢ
BLUGI	SACOU

34 - Arts Visuels

```
C F O T O G R A F I E N C V
A G A D K S C U L P T U R Ă
P C R E T Ă E N P E C C E D
O F H B S K A L I R Ă O I U
D P I C T U R A X S R M O A
O O T L J L Ă C E P B P N X
P R E Z M O G E X E U O Ţ J
E T C Ţ A A M R Ș C N Z Y M
R R T A R R O A E T E I W A
Ă E U Z T U G M V I X Ţ K I
D T R K I U C I A V V I Z Ţ
X X Ă Ţ S M I C L Ă M E D E
L E W X T H P Ă E Ă N M T C
C R E A T I V I T A T E D T
```

ARHITECTURĂ
ARGILĂ
ARTIST
CERAMICĂ
CĂRBUNE
CAPODOPERĂ
ȘEVALET
CEARĂ
COMPOZIȚIE
CRETĂ

CREION
CREATIVITATE
FILM
PICTURA
PERSPECTIVĂ
FOTOGRAFIE
PORTRET
SCULPTURĂ
PIX
LAC

35 - Méditation

```
R  E  S  P  I  R  A  Ț  I  E  Ţ  L  U  P
P  E  F  P  S  P  X  U  A  M  N  M  Q  E
O  B  C  B  U  F  M  B  O  O  V  I  H  R
S  U  O  U  C  A  L  M  T  Ț  Y  Ș  W  S
T  N  M  E  N  T  A  L  Ţ  I  Q  C  T  P
U  Ă  P  E  U  O  P  C  I  I  P  A  C  E
R  T  A  B  A  S  Ș  N  A  T  U  R  Ă  C
Ă  A  S  K  E  G  M  T  Q  M  Q  E  J  T
M  T  I  A  C  K  U  U  I  J  F  M  D  I
T  E  U  R  X  A  O  Z  Z  N  C  L  J  V
X  R  N  T  Ă  C  E  R  E  I  Ț  E  P  Ă
A  T  E  N  Ț  I  E  Ţ  S  G  C  Ă  K  F
Q  C  L  A  R  I  T  A  T  E  V  Ă  J  D
Ţ  F  N  M  Z  A  C  C  E  P  T  A  R  E
```

ACCEPTARE	MENTAL
ATENȚIE	MIȘCARE
CALM	MUZICĂ
CLARITATE	NATURĂ
COMPASIUNE	PACE
EMOȚII	PERSPECTIVĂ
TREAZ	POSTURĂ
BUNĂTATE	RESPIRAȚIE
RECUNOȘTINȚĂ	TĂCERE

36 - Littérature

```
E D W Ț H O M O A X L T Y D
P O E T I C H E Z U E A K I
X M I Y Y U R I T M T Y L A
B I O G R A F I E A M O W L
C O N C L U Z I E N F N R O
D E S C R I E R E A F O H G
Q A T Ț C P Ț N A L I N R K
Q N I T E M Ă P F I C A I Ă
W A L O R Z M F I Z Ț R M T
F L K J H C G Q E Ă I A Ă H
C O M P A R A Ț I E U T B G
B G H O M R O M A N N O H Y
Z I A E O Q R E T Q E R S J
V E P M D Z A N E C D O T Ă
```

ANALOGIE	METAFORĂ
ANALIZĂ	NARATOR
ANECDOTĂ	POEM
AUTOR	POETIC
BIOGRAFIE	RIMĂ
COMPARAȚIE	ROMAN
CONCLUZIE	RITM
DESCRIERE	STIL
DIALOG	TEMĂ
FICȚIUNE	

37 - Nourriture #1

```
T  M  S  A  L  A  T  Ă  I  N  V  H  G  N
G  R  E  P  A  R  Ă  U  S  T  U  R  O  I
B  W  N  O  A  C  O  G  U  T  S  S  P  E
U  Ț  H  L  U  N  S  H  P  G  O  G  L  K
S  U  C  Ă  A  Z  A  H  Ă  R  T  N  H  Q
U  J  S  M  F  P  L  C  A  R  N  E  L  Y
I  F  A  Â  J  Ț  T  N  A  P  Ț  O  G  G
O  M  R  I  A  Ț  C  E  C  A  F  E  A  O
C  J  E  E  F  P  P  C  P  M  U  F  Y  R
C  Ă  P  Ș  U  N  Ă  E  D  A  O  Z  U  P
R  C  H  K  U  W  J  A  M  O  R  C  O  V
Y  Q  U  G  N  U  T  P  P  H  Z  D  P  A
R  U  J  B  M  D  V  Ă  K  W  N  C  Y  I
I  S  C  O  R  Ț  I  Ș  O  A  R  Ă  T  Q
```

USTUROI	NAP
BUSUIOC	CEAPĂ
CAFEA	ORZ
SCORȚIȘOARĂ	PARĂ
MORCOV	SALATĂ
LĂMÂIE	SARE
SPANAC	SUPĂ
CĂPȘUNĂ	ZAHĂR
SUC	TON
LAPTE	CARNE

38 - Jours et Mois

```
N  Y  Ţ  M  V  N  I  Z  L  O  P  I  N  M
N  N  N  N  Y  P  I  A  A  U  G  U  S  T
S  Â  M  B  Ă  T  Ă  X  N  L  N  N  L  L
F  E  B  R  U  A  R  I  E  U  J  I  A  Ţ
D  U  M  I  N  I  C  Ă  V  N  A  E  K  Z
S  P  A  M  I  U  L  I  E  Ă  R  R  P  Ţ
Ă  M  R  I  C  O  C  T  O  M  B  R  I  E
P  R  Ţ  E  M  A  R  T  I  E  A  Y  E  E
T  O  I  R  I  Y  V  R  X  K  P  L  B  V
Ă  W  L  C  A  L  E  N  D  A  R  J  O  I
M  T  L  U  Ţ  Y  K  X  E  U  I  H  H  N
Â  A  T  R  P  L  D  V  A  U  L  A  M  E
N  N  O  I  E  M  B  R  I  E  I  Q  D  R
Ă  S  E  P  T  E  M  B  R  I  E  I  M  I
```

AUGUST	MARŢI
APRILIE	MARTIE
CALENDAR	MIERCURI
DUMINICĂ	LUNĂ
FEBRUARIE	NOIEMBRIE
IANUARIE	OCTOMBRIE
JOI	SÂMBĂTĂ
IULIE	SĂPTĂMÂNĂ
IUNIE	SEPTEMBRIE
LUNI	VINERI

39 - Pirates

```
S  O  E  O  Ţ  A  P  A  P  A  G  A  L  C
H  A  A  Q  O  E  V  L  Z  E  H  N  R  I
E  T  B  D  R  A  P  E  L  A  Q  C  P  C
M  S  Z  I  I  P  E  O  N  U  O  O  Q  A
J  L  E  M  E  N  R  F  T  T  J  R  E  T
D  V  B  Y  W  X  I  X  Z  U  U  Ă  F  R
O  N  Ţ  Q  J  R  C  D  B  R  A  R  Y  I
C  R  C  N  P  G  O  I  N  S  U  L  Ă  C
E  Ă  U  A  H  C  L  L  R  D  R  K  T  E
A  U  P  N  A  L  E  G  E  N  D  Ă  B  K
N  O  L  I  R  O  M  M  O  N  E  D  E  X
B  R  A  S  T  P  E  Ș  T  E  R  Ă  W  R
J  V  J  Z  Ă  A  P  E  C  H  I  P  A  J
C  L  Ă  C  Y  X  N  C  O  M  O  A  R  Ă
```

ANCORĂ	INSULĂ
AVENTURĂ	LEGENDĂ
CĂPITAN	RĂU
HARTĂ	OCEAN
CICATRICE	AUR
PERICOL	PAPAGAL
DRAPEL	MONEDE
SABIE	PLAJĂ
ECHIPAJ	ROM
PEȘTERĂ	COMOARĂ

40 - Activités

```
C  Ţ  S  M  G  R  Ă  D  I  N  Ă  R  I  T
U  C  Ţ  L  E  C  T  U  R  Ă  J  G  N  P
S  E  N  L  B  Ş  P  L  Ă  C  E  R  E  W
U  R  D  P  F  O  T  O  G  R  A  F  I  E
T  A  U  J  I  N  T  E  R  E  S  E  S  J
T  M  Ţ  G  V  N  Ţ  P  Ş  W  M  S  N  O
H  I  M  A  G  I  E  E  Ţ  U  M  D  I  C
N  C  M  T  R  Ţ  A  S  C  B  G  R  B  U
L  Ă  L  P  W  T  Z  C  P  X  D  U  Q  R
T  J  O  V  L  M  Ă  U  K  Z  E  M  R  I
P  P  A  C  T  I  V  I  T  A  T  E  F  I
K  M  R  E  J  D  B  T  A  V  P  Ţ  J  I
P  I  C  T  U  R  A  E  U  E  X  I  K  K
Î  N  D  E  M  Â  N  A  R  E  P  I  R  D
```

ACTIVITATE	LECTURĂ
ARTĂ	TIMP LIBER
MEŞTEŞUGURI	MAGIE
CERAMICĂ	PICTURA
ÎNDEMÂNARE	PESCUIT
CUSUT	FOTOGRAFIE
INTERESE	PLĂCERE
GRĂDINĂRIT	DRUMEŢII
JOCURI	

41 - Fleurs

```
R  Ţ  Z  G  V  C  P  C  T  P  L  E  M  O
N  L  L  B  E  G  F  R  R  Ă  A  R  L  A
O  R  H  I  D  E  E  I  A  P  L  H  W  G
P  L  I  L  I  A  C  N  N  Ă  E  E  X  Y
L  A  B  U  C  H  E  T  D  D  A  A  E  B
U  V  I  A  D  I  H  K  A  I  Ţ  P  N  P
M  A  S  T  D  P  B  M  F  E  P  R  C  E
E  N  C  F  N  Z  M  T  I  B  O  O  O  T
R  D  U  K  S  M  U  J  R  S  U  O  G  A
I  Ă  S  G  A  R  D  E  N  I  E  J  A  L
A  C  M  A  G  N  O  L  I  E  F  O  O  Ă
E  T  E  A  I  A  S  O  M  I  E  O  H  R
Z  H  Q  C  C  N  A  R  C  I  S  Ă  I  O
Q  G  G  J  M  A  R  G  A  R  E  T  Ă  Z
```

BUCHET
GARDENIE
HIBISCUS
IASOMIE
NARCISĂ
LAVANDĂ
LILIAC
CRIN
MAGNOLIE
MARGARETĂ

ORHIDEE
MAC
PETALĂ
PĂPĂDIE
BUJOR
PLUMERIA
TRANDAFIR
TRIFOI
LALEA

42 - Nourriture #2

```
V U Y E N X H C Ț E L I N Ă
B R O C C O L I Q D B H S M
R V D M Z R I R B A N A N Ă
C S Â A O E P E Ș T E R T E
P Â I N E Z E A Z G M O P S
P M A G Ă E G Ș K A V Ș G T
U I I O C T W Ă N R G I L R
I K I W I M Ă P Y R Ș E C U
D Ț A U U M I G R Â U B W G
M O U G P A Ă G Q M N T Y U
T D O K E P N R D Ț C D T R
C N O I R Z I E D A Ă Q G I
N C I O C O L A T Ă L P H R
E O J G Ă F F V U K C Ă I M
```

MIGDALĂ	KIWI
VÂNĂTĂ	MANGO
BANANĂ	OU
GRÂU	PÂINE
BROCCOLI	PEȘTE
CIREAȘĂ	MĂR
ȚELINĂ	PUI
CIUPERCĂ	STRUGURI
CIOCOLATĂ	OREZ
ȘUNCĂ	ROȘIE

43 - Océan

```
Y  V  Ţ  M  U  T  Q  B  A  B  E  U  X  U
Y  L  F  F  F  U  Z  G  L  U  Z  L  F  B
M  R  E  C  I  F  N  Ţ  G  R  X  O  W  A
P  E  Ş  T  E  M  A  R  E  E  F  Ţ  H  L
Z  C  D  C  A  R  A  C  A  T  I  Ţ  Ă  E
V  H  E  U  Q  C  C  B  F  E  C  B  Ţ  N
A  I  L  U  Z  R  T  O  U  I  R  A  C  Ă
N  N  F  S  B  E  C  S  R  S  A  R  M  E
G  G  I  B  J  V  C  F  T  A  B  C  O  D
H  E  N  J  X  E  E  D  U  R  L  Ă  O  G
I  B  T  O  N  T  J  Q  N  E  I  W  N  B
L  A  P  K  W  Ă  Y  M  Ă  O  P  D  F  Y
Ă  V  A  L  U  R  I  T  J  D  T  J  I  T
C  Q  W  N  N  J  L  E  U  R  Ţ  X  D  E
```

ALGE
ANGHILĂ
BALENĂ
BARCĂ
CORAL
CRAB
CREVETĂ
DELFIN
BURETE
STRIDIE

MAREE
MEDUZE
PEŞTE
CARACATIŢĂ
RECHIN
RECIF
SARE
FURTUNĂ
TON
VALURI

44 - Remplir

```
S  J  O  J  W  Z  S  B  U  D  D  Z  Y  K
K  P  C  O  Ş  N  T  A  L  O  T  E  U  Y
C  B  V  O  R  E  I  L  O  S  O  W  Y  T
G  M  S  A  C  T  C  Z  Ţ  A  M  X  Ţ  I
I  G  M  B  L  P  L  I  C  R  K  A  N  B
B  U  T  O  I  I  Ă  C  U  T  I  E  V  Y
M  N  X  R  B  U  Z  U  N  A  R  P  U  D
T  U  B  C  V  A  Z  Ă  S  E  R  T  A  R
T  P  K  A  A  V  Z  X  T  C  Ţ  D  K  X
O  A  F  N  E  O  V  I  R  G  G  P  F  F
R  C  V  F  G  Ţ  L  W  N  U  X  S  S  N
T  H  G  Ă  L  E  A  T  Ă  H  B  Y  Ţ  C
W  E  C  A  D  Ă  D  X  C  P  Ţ  N  I  D
B  T  D  L  B  Y  Ă  W  U  W  Z  X  S  N
```

CADĂ	TAVĂ
BUTOI	BUZUNAR
BAZIN	BORCAN
CUTIE	SAC
STICLĂ	GĂLEATĂ
LADĂ	SERTAR
DOSAR	TUB
PLIC	VALIZĂ
COŞ	VAZĂ
PACHET	

45 - Ballet

```
I  O  M  H  I  C  Q  M  C  H  D  X  U  Q
N  R  U  L  C  O  R  E  G  R  A  F  I  E
T  C  Z  S  Î  N  D  E  M  Â  N  A  R  E
E  H  I  Z  T  R  H  L  Ţ  W  S  B  E  X
N  E  C  B  Z  I  O  O  A  Y  A  A  P  P
S  S  Ă  P  Ţ  I  L  G  E  S  T  L  E  R
I  T  V  Y  U  B  C  R  S  Y  O  E  T  E
T  R  V  S  I  B  V  A  E  V  R  R  I  S
A  Ă  X  F  B  L  L  Ţ  R  B  I  I  Ţ  I
T  C  O  M  P  O  Z  I  T  O  R  N  I  V
E  M  U  Ș  C  H  I  O  C  S  M  Ă  E  R
A  P  L  A  U  Z  E  S  O  L  O  V  U  I
A  R  T  I  S  T  I  C  N  D  G  B  W  T
T  E  H  N  I  C  Ă  K  P  M  X  N  V  M
```

APLAUZE	INTENSITATE
ARTISTIC	MUȘCHI
BALERINĂ	MUZICĂ
COREGRAFIE	ORCHESTRĂ
ÎNDEMÂNARE	PUBLIC
COMPOZITOR	REPETIŢIE
DANSATORI	RITM
EXPRESIV	SOLO
GEST	STIL
GRAŢIOS	TEHNICĂ

46 - Fruit

```
P A P A Y A B U F H Z C N L
I O D V Y X X E B B M A E S
E T R B D W Q P B M E I C T
R J W T U G U A V A U S T R
S Y L X O W Q O U N R Ă A U
I D L F M C Y U K G Ă M R G
C E C I R E A Ș Ă O J Ă I U
Ă N W G Z X V L K J I R N R
B Q V B P N O D I P X H Ă I
S A Z S E B C V W U A F W Ț
V Ț N D P A A M I M N R N O
U Y B A E C D X M D B P Ă Q
X D N Ț N Ă O A N A N A S D
T B D Y E Ă L Ă M Â I E L Q
```

CAISĂ
ANANAS
AVOCADO
BACĂ
BANANĂ
CIREAȘĂ
LĂMÂIE
FIG
ZMEURĂ
GUAVA

KIWI
MANGO
PEPENE
NECTARINĂ
PORTOCALIU
PAPAYA
PIERSICĂ
PARĂ
MĂR
STRUGURI

47 - Surf

```
P O P U L A R L Î A K Ț D Z
L C A M P I O N N R T K R C
A K Z Y Z L R V C G F L T N
J Q W N Z F D I E X T R E M
Ă I Y L N Z V T P F H R T T
W O C E A N R E Ă R W E Ă F
S T I L M M E Z T F H C R S
S N J Q L A M Ă O V E I I Ț
P T O D E B E J R Ț A F E E
U N O V P A L E T Ă E L A L
M J P M C N E M U L Ț I M I
Ă K Y G A L F T D U S U F X
X T U Q W C C Ț J C P I V F
D I S T R A C Ț I E J C M C
```

DISTRACȚIE   SPUMĂ
ATLET   OCEAN
CAMPION   PALETĂ
ÎNCEPĂTOR   PLAJĂ
STOMAC   POPULAR
EXTREM   RECIF
TĂRIE   STIL
MULȚIMI   VAL
VREME   VITEZĂ

48 - Technologie

```
B  C  A  L  C  U  L  A  T  O  R  R  F  G
E  Y  S  T  A  T  I  S  T  I  C  I  F  K
I  N  T  E  R  N  E  T  C  A  I  F  F  B
M  A  S  E  A  Z  Z  O  E  Ţ  K  U  S  X
N  C  H  H  S  E  C  U  R  I  T  A  T  E
T  L  E  P  H  Q  F  G  C  A  N  D  V  E
S  O  F  T  W  A  R  E  E  Z  Y  I  I  L
B  A  N  L  R  V  M  J  T  E  S  G  R  B
F  L  F  I  Ş  I  E  R  A  N  M  I  U  R
C  O  O  C  U  R  S  O  R  O  Q  T  S  O
P  L  N  G  K  T  A  K  E  C  R  A  N  W
A  V  K  T  T  U  J  Q  J  D  R  L  Ţ  S
N  G  V  A  P  A  R  A  T  F  O  T  O  E
A  R  J  Ţ  A  L  P  D  A  T  E  R  V  R
```

BLOG	DIGITAL
APARAT FOTO	BYTES
CURSOR	CALCULATOR
DATE	FONT
ECRAN	CERCETARE
FIŞIER	SECURITATE
INTERNET	STATISTICI
SOFTWARE	VIRTUAL
MESAJ	VIRUS
BROWSER	

49 - Comédie

```
C  Ț  X  R  A  M  Q  O  E  D  I  M  P  P
M  L  K  Â  E  X  P  R  E  S  I  V  A  U
E  O  O  S  A  C  T  R  I  Ț  Ă  X  R  B
G  E  N  V  B  O  P  H  M  P  J  C  O  L
C  B  T  Q  N  A  P  L  A  U  Z  E  D  I
U  R  P  Z  N  I  O  V  N  F  R  T  I  C
V  I  M  P  R  O  V  I  Z  A  Ț  I  E  X
I  N  T  E  L  I  G  E  N  T  C  B  K  V
T  E  L  E  V  I  Z  I  U  N  E  T  L  H
E  V  X  Y  T  U  Z  A  Z  V  N  N  O  Z
A  W  O  G  L  U  M  E  Ț  B  H  T  Y  R
T  S  K  G  C  A  M  U  Z  A  N  T  P  T
R  M  S  T  A  O  G  O  R  D  M  D  G  T
U  G  W  J  D  I  S  T  R  A  C  Ț  I  E
```

ACTOR	UMOR
ACTRIȚĂ	IMPROVIZAȚIE
DISTRACȚIE	INTELIGENT
APLAUZE	PARODIE
GLUME	PUBLIC
CLOVNI	RÂS
AMUZANT	TELEVIZIUNE
EXPRESIV	TEATRU
GEN	

50 - Météo

```
H  J  T  Q  P  J  U  R  A  G  A  N  T  G
A  O  A  U  V  W  Y  V  Â  N  T  C  E  R
O  T  R  O  P  I  C  A  L  E  D  R  M  M
X  U  M  P  B  P  P  X  Q  A  T  E  P  Ţ
F  N  C  O  C  E  A  Ţ  Ă  H  E  C  E  Ţ
U  E  C  L  S  U  S  E  C  E  T  Ă  R  H
R  T  G  A  E  F  R  M  U  S  O  N  A  C
T  G  B  R  T  J  E  C  A  L  M  F  T  L
U  G  H  E  A  Ţ  Ă  R  U  N  H  L  U  I
N  B  R  I  Z  Ă  U  K  Ă  B  A  H  R  M
Ă  B  E  K  C  I  S  Ţ  Ţ  M  E  A  A  A
L  T  N  Ţ  C  F  C  P  H  Y  G  U  N  T
Q  A  T  O  R  N  A  D  Ă  M  P  A  L  B
T  L  W  W  R  G  T  T  T  R  E  Y  Ţ  I
```

CURCUBEU	URAGAN
ATMOSFERĂ	POLAR
BRIZĂ	USCAT
CEAŢĂ	SECETĂ
CALM	TEMPERATURA
CER	FURTUNĂ
CLIMAT	TUNET
GHEAŢĂ	TORNADĂ
MUSON	TROPICALE
NOR	VÂNT

51 - Châteaux

```
R Q H Q E P G W X W W M E P
F E P E R E T E R K J J T R
O X G X H C A L T J A E W I
R P X A N O A R M U R Ă F N
T A U V T R D T D I L F E Ț
Ă L V A U O T I A M I S U S
R A D F R A R Z Y P Ț T D A
E T I S N N S D C E U F A B
A D N X C Ă W Y A R N L L I
Ț B A L A U R P V I I L T E
Ă F S R X Z T E A U C J C A
O O T J J L S E L N O B I L
P R I N Ț E S Ă E Ț R U U Q
M T E U G F V T R S N N B Q
```

ARMURĂ	FEUDAL
SCUT	FORTĂREAȚĂ
CATAPULTA	UNICORN
CAL	PERETE
CAVALER	NOBIL
COROANĂ	PALAT
BALAUR	PRINȚ
DINASTIE	PRINȚESĂ
IMPERIU	REGAT
SABIE	TURN

52 - Randonnée

```
N A T U R Ă V S C L I M A T
A G H I D U R I T E M A E M
Z M F C M Ţ E F Y Â U J F S
K R I C I Z M E D H N E Y O
C P G G K S E E P A T C E B
S O A R E B C Ţ R R E S Ă E
O R I E N T A R E T P G P H
B K Q U C J N L G Ă I C Y H
O I M Y Y H I V Ă E E A P Ă
S V G S U M M I T V T M L Q
I Q S Ă L B A T I C R P Ţ Y
T Z S Ţ L M L L R W E I A D
V B O E J V E N E W M N D M
P A R C U R I B A F G G U S
```

ANIMALE	VREME
CIZME	MUNTE
CAMPING	NATURĂ
HARTĂ	ORIENTARE
CLIMAT	PARCURI
APĂ	PIETRE
STÂNCĂ	PREGĂTIREA
OBOSIT	SĂLBATIC
GHIDURI	SOARE
GREU	SUMMIT

53 - Meubles

```
R F U T O N I Ţ S H B P F X
Y Y M G G F Z B R P Q E L I
L B I B L I O T E C Ă R W W
S K U B I R O U Y O Q N V N
C X F Ţ N N L A M P Ă E J R
A P E R D E L E H A M A C A
U E A F Ă U S A L T E A C F
N R L T O D L F Z D Q U Z T
X N A X X T C A N A P E A U
Z Ă Q N W Y O W P S U I Q R
C W T X O J V L B A N C Ă I
C O S G V L O H I H M K B F
J P V R C Y R M E U W H Ţ Ţ
Y T K F R Z B Z G Ţ B E J R
```

BANCĂ   FUTON
BIBLIOTECĂ   HAMAC
BIROU   LAMPĂ
CANAPEA   PAT
SCAUN   SALTEA
DULAP   OGLINDĂ
PERNE   PERNĂ
RAFTURI   PERDELE
FOTOLIU   COVOR

54 - Art

N S U B I E C T C Ţ P X P P
P I I O W W A C E C O K V O
A M D N Q R V O R I R Q U E
C P I O C K G M A N T E O Z
S L S R O E O P M S R G A I
C U P I M X R O I P E C X E
U V O G P P C Z C I T F W G
L I Z I L R W I Ă R R E Z U
P Z I N E E C Ţ J A Y O J Y
T U T A X S G I A T A A S G
U A I L U I Ţ E S I M B O L
R L E B P E R S O N A L P Z
Ă S U P R A R E A L I S M Q
D A V X J Z J E K A L A J W

CERAMICĂ	ORIGINAL
COMPLEX	PERSONAL
COMPOZIŢIE	POEZIE
CREA	SCULPTURĂ
PORTRET	SIMPLU
EXPRESIE	SUBIECT
SINCER	SUPRAREALISM
DISPOZITIE	SIMBOL
INSPIRAT	VIZUAL

55 - Nutrition

```
P O L I C H I D E E G B Z K
A R O M Ă S U I R Y R P D N
R C O N D I M E N T E D N T
A P E T I T R T J G U A S O
S V Ţ P E E Q Ă S Y T O Ă X
O C E C H I L I B R A T N I
S D M X Q G N K J J T B Ă N
S Ă N Ă T O S E O A E P T Ă
D I G E S T I E P Ţ A J A D
C O M E S T I B I L M H T F
Z T U V K C A L I T A T E V
G L U C I D E T J J R P A F
C A L O R I I M C Q G Q O J
J W S F E R M E N T A Ţ I E
```

AMAR	LICHIDE
APETIT	GREUTATE
CALORII	PROTEINE
COMESTIBIL	CALITATE
DIETĂ	SĂNĂTOS
DIGESTIE	SĂNĂTATE
CONDIMENTE	SOS
ECHILIBRAT	AROMĂ
FERMENTAŢIE	TOXINĂ
GLUCIDE	

56 - Science Fiction

```
A  H  F  S  W  F  T  Z  E  S  N  T  X  V
T  O  A  R  I  U  E  R  X  X  B  J  S  K
O  R  N  G  S  T  H  W  P  R  T  A  Y  S
M  A  T  C  A  U  N  X  L  E  C  R  P  L
I  C  A  O  H  R  O  B  O  Ț  I  E  E  U
C  O  S  I  L  I  L  G  Z  F  V  A  K  M
Ă  L  T  M  L  S  O  Z  I  C  P  L  R  E
R  K  I  A  O  T  G  Y  E  I  L  I  F  V
Ț  V  C  G  Q  F  I  C  U  N  A  S  F  B
I  G  P  I  M  X  E  S  T  E  N  T  Q  W
S  C  E  N  A  R  I  U  O  M  E  Q  Z  X
G  A  L  A  X  I  E  I  P  A  T  A  D  L
O  J  C  R  I  L  U  Z  I  E  Ă  W  R  O
F  O  C  P  M  I  S  T  E  R  I  O  S  B
```

ATOMIC	CĂRȚI
CINEMA	LUME
EXPLOZIE	MISTERIOS
EXTREM	ORACOL
FANTASTIC	PLANETĂ
FOC	REALIST
FUTURIST	ROBOȚI
GALAXIE	SCENARIU
ILUZIE	TEHNOLOGIE
IMAGINAR	UTOPIE

57 - Vertus #1

```
A  I  N  T  E  L  I  G  E  N  T  T  V  P
R  M  O  D  E  S  T  J  B  P  G  E  O  A
T  A  I  N  D  E  P  E  N  D  E  N  T  S
I  M  A  G  I  N  A  T  I  V  N  R  S  I
S  Ţ  Î  B  D  I  O  V  C  L  E  Z  S  O
T  Î  N  Ț  E  L  E  P  T  O  R  B  U  N
I  L  C  F  C  F  X  I  R  O  O  S  U  A
C  C  R  C  I  P  I  K  G  A  S  B  T  T
U  U  E  K  S  Z  A  C  J  E  C  G  I  V
R  R  Z  D  I  N  K  C  I  X  V  T  L  K
A  I  Ă  F  V  R  P  M  I  E  C  T  I  C
T  O  T  O  E  K  N  D  N  E  N  U  R  C
R  S  O  T  X  A  M  U  Z  A  N  T  I  F
F  E  R  M  E  C  Ă  T  O  R  B  T  X  L
```

ARTISTIC	INDEPENDENT
BUN	INTELIGENT
FERMECĂTOR	MODEST
ÎNCREZĂTOR	PASIONAT
CURIOS	PACIENT
DECISIV	PRACTIC
AMUZANT	CURAT
EFICIENT	ÎNȚELEPT
GENEROS	UTIL
IMAGINATIV	

58 - Professions #1

```
Z I B A P E K J D P Z B A O
B J L V Z S T C O O V A M M
V X F O E A I E C G V N B D
J Ț I C Z H P H T S C C A E
T C D A N S A T O R I H S Ș
A A N T R E N O R L Y E A T
K R N D J C E D I T O R D I
Q M T A S T R O N O M G O I
U S V I I B I J U T I E R N
Q Z H W S Z W Ț Y S X O D Ț
B V Â N Ă T O R C U O L K Ă
C A R T O G R A F R A O O L
I N S T A L A T O R A G K X
P O M P I E R P I A N I S T
```

AMBASADOR	ANTRENOR
ARTIST	EDITOR
ASTRONOM	GEOLOG
AVOCAT	DOCTOR
BANCHER	PIANIST
BIJUTIER	INSTALATOR
CARTOGRAF	POMPIER
VÂNĂTOR	PSIHOLOG
DANSATOR	OM DE ȘTIINȚĂ

59 - Géologie

```
X  C  C  N  V  S  W  P  Z  T  T  Q  U  C
Z  C  O  C  U  T  R  Q  I  F  T  V  Z  R
S  A  R  Z  L  R  N  T  T  A  U  I  H  I
T  V  A  S  C  A  Y  U  R  O  T  C  Y  S
A  E  L  K  A  T  O  C  Q  Z  P  R  Z  T
L  R  R  Z  N  P  L  A  T  O  U  I  Ă  A
A  N  O  O  E  T  K  L  S  J  Z  T  T  L
C  Ă  E  N  Z  N  G  C  U  A  R  Ț  K  E
T  F  J  Ă  Z  I  V  I  O  S  C  Y  K  B
I  F  A  C  I  D  U  U  M  Y  V  P  Z  C
T  O  I  J  I  C  O  N  T  I  N  E  N  T
I  S  F  M  S  A  R  E  E  T  K  T  Y  M
M  I  N  E  R  A  L  E  L  A  V  Ă  X  R
G  L  G  H  E  I  Z  E  R  K  D  V  K  X
```

ACID	GHEIZER
CALCIU	LAVĂ
CAVERNĂ	MINERALE
CONTINENT	PIATRĂ
CORAL	PLATOU
STRAT	CUARȚ
CRISTALE	SARE
EROZIUNE	STALACTIT
TOPIT	VULCAN
FOSIL	ZONĂ

60 - Cirque

```
D E E S B I N U F S Q M F A
Z L Z Z N O T D H P I A R N
P E E Ț U E M M U E Q G M I
S F D U D S U B O C A I A M
P A C R O B A T O T I E I A
E N B A L O A N E A K K M L
C T B I L E T F Y T N X U E
T O J O N G L E R O Ț Ț J
A B S L Q T Q P A R A D Ă G
C O R T L E U T M U Z I C Ă
U L W S U T I G R U S S Q A
L J O L C M W M Z R Q T M D
O E N V I Z V V O T P R L U
S B M H N M A G I C I A N P
```

ACROBAT	LEU
ANIMALE	MAGICIAN
BALOANE	MAGIE
BILET	MUZICĂ
BOMBOANE	PARADĂ
CLOVN	MAIMUȚĂ
COSTUM	SPECTACULOS
DISTRA	SPECTATOR
ELEFANT	CORT
JONGLER	TIGRU

61 - Jardin

```
T F D E C G Ţ W G A R A J B
R U R Y E R Z O A A A F S U
A R F A E Ă O I R E Z L U R
M T T I E D S H D C S O L U
B U W B Ș I T A C K M A N I
U N I A Z N O M B O A R X E
L O P A T Ă Z A G A P E U N
I G R E B L Ă C V U B A P I
N T L G A R N Ţ Q H X A C A
Ă E I H N V E R A N D Ă S R
T R V K C G Z V O R E U H B
C A A I Ă P J F H P I A H Ă
U S D F J I X H V E C Y N K
D Ă Ă T J I R W V U A Q A Ţ
```

COPAC	BURUIENI
BANCĂ	LOPATĂ
TUFIȘ	GAZON
GARD	VERANDĂ
IAZ	GREBLĂ
FLOARE	SOL
GARAJ	TERASĂ
HAMAC	TRAMBULINĂ
IARBĂ	FURTUN
GRĂDINĂ	LIVADĂ

62 - Barbecues

```
O Z U C V A R Ă T Ţ Z P Ţ F
C S G H I L R A S N M Ţ U R
X U B L G N X N M N P B V U
L R Ţ P R S A Ţ D W U Z F C
E O M I Ă V J M Y T I F O T
G S W P T M U Z I C Ă I A O
U I W E A E C Z X E O E M C
M I Z R R X H E X S A R E O
E F A M I L I E A N C B M P
S L W W T Ţ J C I P G I B I
Ţ Y Ţ V Ţ Q C R H D Ă N V I
P R Â N Z B K S A L A T E W
I F L K G X J O R X M E L E
O J O C U R I S I W J K D B
```

FIERBINTE	JOCURI
CUŢITE	LEGUME
PRÂNZ	MUZICĂ
CINA	CEAPĂ
COPII	PIPER
VARĂ	PUI
FOAME	SALATE
FAMILIE	SOS
FRUCT	SARE
GRĂTAR	ROSII

63 - Anniversaire

```
Î  L  U  M  Â  N  Ă  R  I  G  X  E  H  L
N  D  I  S  T  R  A  C  Ț  I  E  T  C  C
Ț  I  J  P  Z  Z  E  P  M  B  W  I  A  Â
E  C  F  E  R  I  C  I  T  R  V  M  L  N
L  E  O  C  T  D  N  W  C  S  U  P  E  T
E  L  P  I  V  P  G  V  E  S  E  L  N  E
P  E  Y  A  N  O  Ț  I  W  K  W  D  C
C  B  T  L  X  K  I  Ă  M  T  R  Q  A  A
I  R  Q  I  Z  J  Z  R  S  K  A  M  R  D
U  A  J  K  N  D  F  C  U  C  G  Ț  C  O
N  R  Y  Q  D  E  C  S  P  N  U  M  I  U
E  E  I  N  C  A  R  D  U  R  I  T  P  I
N  B  A  N  E  D  C  I  T  O  R  T  N  F
J  C  N  Q  F  P  R  I  E  T  E  N  I  Ț
```

PRIETENI
DISTRACȚIE
AN
LUMÂNĂRI
CADOU
CALENDAR
CARDURI
CÂNTEC
CELEBRARE
TORT

FERICIT
INVITAȚII
TINERI
ZI
VESEL
NĂSCUT
ÎNȚELEPCIUNE
SPECIAL
TIMP

64 - Animaux de Compagnie

```
Z  Y  D  H  Z  P  A  Y  R  G  V  R  C  H
G  H  E  A  R  E  I  L  P  W  A  B  N  A
U  C  C  L  A  B  E  S  I  H  C  G  D  M
L  A  I  E  P  U  R  E  I  M  Ă  D  Q  S
E  P  P  S  Ș  O  A  R  E  C  E  K  V  T
R  R  C  Ă  Ț  E  L  U  Ș  B  Ă  N  E  E
U  Ă  O  P  A  P  A  G  A  L  V  E  T  R
V  M  A  E  F  I  U  M  A  X  G  Q  E  E
K  T  D  Ş  W  S  D  C  X  B  F  L  R  O
O  Q  Ă  T  Ș  O  P  Â  R  L  Ă  C  I  J
Y  Y  N  E  T  I  Z  I  C  B  Ţ  T  N  R
P  O  J  L  Z  Q  V  N  A  S  L  Z  A  R
Q  H  Ţ  F  Y  P  P  E  T  Ţ  M  V  R  L
R  Y  T  V  N  Z  F  C  Y  Z  Z  K  E  A
```

PISICĂ	IEPURE
PISOI	ȘOPÂRLĂ
CAPRĂ	ALIMENTE
CÂINE	LABE
CĂȚELUȘ	PAPAGAL
GULER	PEȘTE
APĂ	COADĂ
GHEARE	ȘOARECE
HAMSTER	VACĂ
LESĂ	VETERINAR

65 - Forêt Tropicale

```
A U R E J N V S P E C I E A
P K D N O U A A T T T M X M
M Ș C H I N T L V S S H F
N T R D L N O G U O Y C C I
I C B Z M Q R B L R R Y O B
N L Y T P Ț I O M Ă Ă O N I
D I V E R S I T A T E I S E
I M R R I M V A M L X N E N
G A E E X L G N I S Y S R I
E T F S Ț E Ț I F C J E V Ț
N N U P A Y G C E J Y C A C
E R G E P Ă S Ă R I M T R P
X C I C L P M W E W K E E C
P G U T C O M U N I T A T E
```

AMFIBIENI	MAMIFERE
BOTANIC	MUȘCHI
CLIMAT	NATURĂ
COMUNITATE	NORI
DIVERSITATE	PĂSĂRI
SPECIE	VALOROS
INDIGENE	CONSERVARE
INSECTE	REFUGIU
JUNGLĂ	RESPECT

66 - Insectes

```
L  Ă  C  U  S  T  Ă  F  N  D  T  O  L  E
L  Ţ  U  A  T  E  A  L  B  I  N  Ă  I  S
P  Q  F  X  T  R  F  U  A  U  G  X  B  L
Z  U  V  N  F  M  I  T  X  R  C  L  E  L
Y  W  R  J  D  I  D  U  I  F  V  G  L  Ţ
M  H  G  I  N  T  Ă  R  G  U  I  Ă  U  K
V  G  K  F  C  Ă  P  E  R  R  E  R  L  I
Ţ  T  H  M  S  I  M  F  Y  N  S  G  Ă  V
Â  M  V  I  E  R  M  E  V  I  P  Ă  S  W
N  H  A  G  S  L  A  A  D  C  E  R  A  S
Ţ  G  Â  N  D  A  C  L  R  Ă  T  I  L  D
A  W  X  T  T  W  Ţ  D  G  P  B  Ţ  C  U
R  R  Q  J  H  I  L  D  N  X  P  Ă  Â  F
G  R  E  I  E  R  S  T  Y  J  W  Ţ  M  N
```

ALBINĂ	MANTIS
GÂNDAC	ŢÂNŢAR
GREIER	FLUTURE
GĂRGĂRIŢĂ	PURICI
SALCÂM	AFIDĂ
FURNICĂ	LĂCUSTĂ
VIESPE	TERMITĂ
LARVĂ	VIERME
LIBELULĂ	

67 - Ferme #1

```
V O Z A Y Q C A C G R F N A
E G A P V B A G I C T A Â P
W L I U Y C L J O Â A B T N
J F Z X J D T K A I L P U I
E P B K U W Q G R N B Y R M
Ţ P S U B D T G Ă E I V M Ă
V C Â M P X E Q O O N I Ă G
A G R I C U L T U R Ă Ţ W A
C A K E P S Z Ţ L P U E H R
Ă R O R I E M O U C U L T Ţ
A D B E S X L W R H A M Ţ E
A P Ă L I U H P I E G B P X
U Z I G C C R C B I Z O N F
Î N G R Ă Ş Ă M Â N T N V M
```

ALBINĂ   CIOARĂ
AGRICULTURĂ   APĂ
MĂGAR   ÎNGRĂŞĂMÂNT
BIZON   FÂN
CÂMP   MIERE
PISICĂ   PUI
CAL   OREZ
CAPRĂ   TURMĂ
CÂINE   VACĂ
GARD   VIŢEL

68 - Escalade

```
F  C  P  E  Ș  T  E  R  Ă  X  P  A  L  Î
Y  O  I  U  V  J  F  O  H  A  H  L  Ţ  N
C  C  R  Z  G  H  I  D  U  R  I  T  P  G
Y  J  Q  M  M  R  Z  R  U  B  J  I  R  U
B  V  C  P  A  E  I  V  T  P  T  T  O  S
H  A  R  T  Ă  R  C  A  S  C  Ă  U  V  T
T  E  R  E  N  C  E  C  U  H  Ţ  D  O  E
S  T  A  B  I  L  I  T  A  T  E  I  C  X
F  N  Ă  C  K  C  Q  I  Q  P  U  N  Ă  P
Y  R  D  R  U  M  E  Ț  I  I  F  E  R  E
J  Z  Ţ  O  I  M  C  L  M  L  D  H  I  R
V  A  U  N  Z  E  M  Ă  N  U  Ș  I  W  T
C  U  R  I  O  Z  I  T  A  T  E  Z  D  P
A  T  M  O  S  F  E  R  Ă  V  V  E  K  D
```

ALTITUDINE	TĂRIE
ATMOSFERĂ	FORMARE
CIZME	MĂNUȘI
HARTĂ	PEȘTERĂ
CASCĂ	GHIDURI
CURIOZITATE	FIZIC
PROVOCĂRI	DRUMEȚII
EXPERT	STABILITATE
ÎNGUST	TEREN

69 - École #2

```
Î  C  A  L  C  U  L  A  T  O  R  J  B  H
N  A  U  T  O  B  U  Z  A  X  R  Y  I  Â
V  L  E  C  T  U  R  Ă  Ţ  S  Q  X  B  R
Ă  E  I  T  E  Ș  T  I  I  N  Ţ  Ă  L  T
Ţ  N  D  T  M  E  R  V  Q  W  H  T  I  I
A  D  E  I  E  D  U  C  A  Ţ  I  E  O  E
R  A  C  L  P  R  O  F  E  S  O  R  T  N
E  R  G  R  A  M  A  T  I  C  Ă  D  E  C
C  N  C  V  E  H  O  T  H  O  Y  A  C  Ă
O  Y  M  C  N  I  S  A  U  F  W  S  Ă  R
J  O  C  U  R  I  O  I  K  R  Q  C  F  Ţ
Ţ  D  I  C  Ţ  I  O  N  A  R  Ă  R  E  I
A  C  T  I  V  I  T  Ă  Ţ  I  U  I  F  Ţ
X  T  F  O  A  R  F  E  C  E  S  S  Z  E
```

ACTIVITĂȚI
ÎNVĂȚARE
BIBLIOTECĂ
AUTOBUZ
CALENDAR
FOARFECE
CREION
TEME
DICȚIONAR
PROFESOR

SCRIS
EDUCAȚIE
GRAMATICĂ
JOCURI
LECTURĂ
LITERATURĂ
CĂRȚI
CALCULATOR
HÂRTIE
ȘTIINȚĂ

70 - Antarctique

```
T  M  Q  Y  C  L  Q  P  S  R  A  G  S  B
E  M  E  Ţ  P  Ţ  Z  D  Ă  F  P  E  R  L
M  I  P  D  M  T  N  S  T  S  Ă  O  J  Q
P  N  E  E  I  Y  T  L  D  D  Ă  G  A  C
E  E  N  X  G  U  G  H  E  Ţ  A  R  I  E
R  R  I  P  R  B  H  O  J  S  E  A  I  R
A  A  N  E  A  A  E  X  Ţ  T  Ţ  F  N  C
T  L  S  D  Ţ  L  A  X  P  Â  X  I  S  E
U  E  U  I  I  E  Ţ  I  R  N  N  E  U  T
R  B  L  Ţ  E  N  Ă  L  U  C  N  H  L  Ă
A  E  Ă  I  H  E  X  T  G  O  L  F  E  T
C  K  V  E  T  L  R  Ţ  E  S  S  G  A  O
Ş  T  I  I  N  Ţ  I  F  I  C  Q  S  T  R
C  O  N  S  E  R  V  A  R  E  G  C  I  Ţ
```

GOLF	GHEŢARI
BALENE	INSULE
CERCETĂTOR	MIGRAŢIE
CONSERVARE	MINERALE
APĂ	PĂSĂRI
MEDIU	PENINSULĂ
EXPEDIŢIE	STÂNCOS
GEOGRAFIE	ŞTIINŢIFIC
GHEAŢĂ	TEMPERATURA

71 - Professions #2

```
I  P  B  X  I  D  T  B  M  C  H  B  D  G
N  N  N  W  J  L  E  U  W  V  O  I  E  R
P  L  V  C  U  G  U  T  O  I  H  O  N  Ă
I  I  W  E  R  A  P  S  E  N  P  L  T  D
N  N  Z  R  N  S  L  Y  T  C  N  O  I  I
G  G  O  C  A  T  I  Ţ  F  R  T  G  S  N
I  V  O  E  L  R  A  N  I  P  A  I  T  A
N  I  L  T  I  O  T  T  L  S  M  T  V  R
E  S  O  Ă  S  N  P  R  O  F  E  S  O  R
R  T  G  T  T  A  L  W  Z  R  D  G  Z  R
Y  Z  S  O  Z  U  I  X  O  P  I  L  O  T
Ţ  Ţ  N  R  T  T  V  U  F  E  C  Z  B  J
C  H  I  R  U  R  G  P  I  C  T  O  R  F
F  O  T  O  G  R  A  F  Q  W  G  S  D  Y
```

ASTRONAUT
BIOLOG
CERCETĂTOR
CHIRURG
DENTIST
DETECTIV
PROFESOR
ILUSTRATOR
INGINER
INVENTATOR

GRĂDINAR
JURNALIST
LINGVIST
MEDIC
PICTOR
FILOZOF
FOTOGRAF
PILOT
ZOOLOG

72 - Les Abeilles

```
Z  Y  E  H  S  A  K  E  C  I  D  P  A  C
A  L  I  M  E  N  T  E  E  H  M  A  N  Y
E  R  D  T  K  M  Q  H  A  B  I  T  A  T
C  Ţ  I  I  R  O  I  F  R  U  C  T  G  P
O  Y  F  P  V  O  P  U  Ă  G  P  D  R  O
S  S  L  O  I  E  G  M  I  E  R  E  Ă  L
I  B  O  L  S  C  R  E  G  I  N  Ă  D  E
S  E  R  E  O  Ţ  I  S  S  T  U  P  I  N
T  N  I  N  A  Z  N  L  I  N  P  R  N  I
E  E  V  C  R  G  S  U  F  T  L  S  Ă  Z
M  F  E  X  E  Z  E  Z  J  Y  A  S  I  A
N  I  S  R  Y  X  C  W  G  M  N  T  M  T
F  C  B  Z  B  I  T  M  V  G  T  V  E  O
K  L  I  H  Z  S  Ă  O  D  F  E  T  Y  R
```

ARIPI	INSECTĂ
BENEFIC	GRĂDINĂ
CEARĂ	MIERE
DIVERSITATE	ALIMENTE
ROI	PLANTE
ECOSISTEM	POLEN
FLORI	POLENIZATOR
FRUCT	REGINĂ
FUM	STUP
HABITAT	SOARE

73 - Dinosaures

```
D  I  S  P  A  R  I  Ț  I  E  N  O  C  E
S  M  F  L  V  E  P  I  F  F  M  M  H  I
Ț  Z  J  E  I  T  J  A  W  A  H  N  H  M
P  X  F  Z  C  W  E  N  O  R  M  I  V  Ă
R  E  P  T  I  L  Ă  F  S  I  A  V  Q  R
E  V  R  N  O  Y  Z  Y  T  P  R  O  B  I
I  O  A  M  S  E  Z  X  E  I  E  R  Z  M
S  L  D  C  A  R  N  I  V  O  R  C  V  E
T  U  Ă  O  R  M  P  Ă  M  Â  N  T  I  A
O  Ț  N  A  W  A  U  L  Ț  N  O  Y  H  E
R  I  W  D  Ț  H  P  T  P  C  R  F  D  A
I  E  K  Ă  E  P  U  T  E  R  N  I  C  I
C  D  Z  G  R  T  P  F  O  S  I  L  E  H
E  R  B  I  V  O  R  T  G  R  D  G  G  P
```

ARIPI	OMNIVOR
CARNIVOR	PREISTORIC
DISPARIȚIE	PRADĂ
SPECIE	PUTERNIC
ENORM	COADĂ
EVOLUȚIE	RAPTOR
FOSILE	REPTILĂ
MARE	MĂRIMEA
ERBIVOR	PĂMÂNT
MAMUT	VICIOS

74 - Conduite

```
M A Ș I N Ă F M Z D P Q T G
M A K F X Z I M O R Q Z R A
A O F R Â N E G G T J L A R
C L T U N E L W J J O X F A
C D V O I Q K G A I D R I J
I R I N C P O L I T I E C Z
D U T C S I G U R A N Ț Ă D
E M E Y N E C Z P G F S S H
N K Z H I T H L C A M I O N
T F Ă O D O M Y E Z X H P E
I L I C E N Ț Ă V T F A V A
I P E R I C O L J B Ă R B P
C O M B U S T I B I L T Y S
T R A N S P O R T N D Ă K A
```

ACCIDENT	MOTOCICLETĂ
CAMION	PIETON
COMBUSTIBIL	POLITIE
HARTĂ	DRUM
PERICOL	SIGURANȚĂ
FRÂNE	TRAFIC
GARAJ	TRANSPORT
GAZ	TUNEL
LICENȚĂ	VITEZĂ
MOTOR	MAȘINĂ

75 - Plantes

```
Î N G R Ă Ş Ă M Â N T F R K
F A S O L E G R Ă D I N Ă S
V E B Q S O D Y P E T A L Ă
V Y B O T A N I C Ă D C K H
R O F R U N Z E D D D B S Y
V B L L K N U N B W B U Y J
J A O S O I E D E R Ă F R N
C C R F B A M B U S P E K E
A Ă Ă Y M R R H A H Y E H V
C Z Y O U B V E E X U B W N
T U F I Ș Ă R Ă D Ă C I N Ă
U N J V C O P A C R E Ș T E
S Q S E H V E G E T A Ț I E
N N Q O I E D Z P M J H Z H
```

COPAC
BACĂ
BAMBUS
BOTANICĂ
TUFIȘ
CACTUS
ÎNGRĂŞĂMÂNT
FRUNZE
FLOARE
FLORĂ

PĂDURE
CREȘTE
FASOLE
IARBĂ
GRĂDINĂ
IEDERĂ
MUȘCHI
PETALĂ
RĂDĂCINĂ
VEGETAȚIE

76 - Ferme #2

```
L A M Ă I E D C F F D P L L
R U C I R I G A R E J Ă I V
Z M N M F C R N U A B S V F
V I Ţ C I U Â I C P T T A H
Z E L T Ă P U M T O R O D G
I L G S T U P A W R A R Ă M
H A T E N E W L S U C I F R
H P S V T W Z E Ţ M T C E O
Ţ T Ţ P Q A Z C A B O O R H
Y E F G S Ţ L Q R I R R M D
H A M B A R U Y X T A Z I U
C Z O L Y E F I F K Ţ B E A
E U C V P V X P S S Ă B R W
J Y T A L I M E N T E C S N
```

MIEL	LAMĂ
FERMIER	VEGETAL
ANIMALE	PORUMB
PĂSTOR	OAIE
GRÂU	ALIMENTE
RAŢĂ	ORZ
FRUCT	LUNCĂ
HAMBAR	STUP
IRIGARE	TRACTOR
LAPTE	LIVADĂ

77 - École #1

```
B M A T E M A T I C Ă H W P
I E X A M E N E M V R Â M R
R X T R Ă S P U N S U R I O
O F Ţ L M B R N B P L T C F
U C R A M Z I O U Ţ H I L E
S A L F A B E T F M J E A S
T M V R O A T T Q R E K S O
I A T C U Ţ E A S X N R Ă R
L R E P R Â N Z C U U R E U
O K S Q I E I Ţ A C Ă R Ţ I
U E T Y V R I T U M Z A T L
R R T I U S Ţ O N T G J F X
I I D O S A R E N B Y X E U
L B I B L I O T E C Ă P T O
```

ALFABET   EXAMENE
PRIETENI   CĂRŢI
BIBLIOTECĂ   MARKERI
BIROU   MATEMATICĂ
SCAUN   NUMERE
CREION   HÂRTIE
STILOURI   TEST
PRÂNZ   RĂSPUNSURI
DOSARE   CLASĂ
PROFESOR

78 - Vacances #2

```
H  V  I  Z  Ă  Z  B  P  X  Y  F  M  T  Q
O  T  C  N  Z  R  A  E  R  O  P  O  R  T
T  I  R  O  S  X  Q  G  P  P  R  C  E  D
E  M  E  A  R  U  T  C  A  L  E  A  N  E
L  P  P  G  N  T  L  W  Ș  A  S  M  U  S
P  L  S  N  S  S  E  Ă  A  J  T  P  V  T
S  I  D  I  O  T  P  A  P  Ă  A  I  Ț  I
T  B  J  T  Q  R  B  O  O  H  U  N  C  N
K  E  D  O  M  Ă  Z  B  R  V  R  G  X  A
D  R  U  E  B  I  F  V  T  T  A  G  O  Ţ
E  V  A  C  A  N  Ţ  Ă  G  X  N  J  B  I
R  E  Z  E  R  V  Ă  R  I  E  T  H  Y  E
M  A  R  E  H  A  R  T  Ă  V  T  A  X  I
G  K  C  Ă  L  Ă  T  O  R  I  E  Y  Y  I
```

AEROPORT	PLAJĂ
CAMPING	RESTAURANT
HARTĂ	REZERVĂRI
DESTINAŢIE	TAXI
STRĂIN	CORT
HOTEL	TREN
INSULĂ	TRANSPORT
TIMP LIBER	VACANŢĂ
MARE	VIZĂ
PAŞAPORT	CĂLĂTORIE

79 - Temps

```
W  O  B  F  N  N  A  S  E  C  O  L  P  C
A  Z  Y  M  M  M  O  M  I  N  U  T  N  U
N  Y  Y  Y  Q  Ţ  Y  A  I  E  R  I  Q  R
U  Y  C  N  K  I  Ţ  T  P  A  M  G  D  Â
A  X  C  G  Z  G  U  O  S  T  Z  I  E  N
L  U  Q  P  H  P  H  P  Ă  F  E  Ă  C  D
C  Î  N  A  I  N  T  E  P  Y  Y  W  E  R
A  K  H  O  R  Ă  Z  X  T  R  O  V  N  R
L  A  C  U  M  B  A  B  Ă  J  H  E  I  A
E  G  C  V  K  J  N  W  M  R  P  U  U  W
N  V  I  I  T  O  R  L  Â  D  C  E  A  S
D  A  B  A  X  B  T  P  N  L  U  N  Ă  K
A  Z  G  J  C  N  Q  V  Ă  V  C  P  K  X
R  U  S  L  D  I  M  I  N  E  A  Ţ  Ă  P
```

AN	CEAS
ANUAL	ZI
DUPĂ	ACUM
ÎNAINTE	DIMINEAŢĂ
CURÂND	AMIAZĂ
CALENDAR	MINUT
DECENIU	LUNĂ
VIITOR	NOAPTE
ORĂ	SĂPTĂMÂNĂ
IERI	SECOL

80 - Maison

```
O  M  Ț  A  C  O  P  E  R  I  Ș  C  M  Y
U  B  Z  Z  K  S  E  H  A  V  W  I  R  M
R  M  A  N  S  A  R  D  Ă  A  F  F  N  F
P  W  J  F  C  W  E  I  I  T  P  R  G  C
B  E  G  A  R  D  T  O  M  R  A  M  P  O
U  F  R  J  M  C  E  G  G  Ă  E  K  J  N
C  E  Ă  D  B  I  B  L  I  O  T  E  C  Ă
Ă  R  D  D  E  X  T  I  Q  S  A  U  Ș  Ă
T  E  I  G  U  L  Z  N  C  O  V  O  R  K
Ă  A  N  K  T  Ș  E  D  M  L  A  M  P  Ă
R  S  Ă  C  H  E  I  Ă  J  Ț  N  S  O  X
I  T  C  A  M  E  R  Ă  G  A  R  A  J  D
E  R  S  L  D  J  V  X  A  Z  Y  Y  F  I
L  Ă  N  I  X  D  E  Q  W  C  B  X  J  S
```

MĂTURĂ	MANSARDĂ
BIBLIOTECĂ	GRĂDINĂ
CAMERĂ	LAMPĂ
VATRĂ	OGLINDĂ
CHEI	PERETE
GARD	TAVAN
BUCĂTĂRIE	UȘĂ
DUȘ	PERDELE
FEREASTRĂ	COVOR
GARAJ	ACOPERIȘ

81 - Légumes

```
C C M L G H I M B I R G G N
M E I Ă W U V Q S Q S K U A
O S A U S I N V M U Q M C P
R P U P P L X V S J C A A Z
C A S A Ă E I E S O A Z Ş Ţ
O N T N R H R N V Â N Ă T Ă
V A U G O Z C C Ă O D R R R
S C R H Ş N H W Ă J O E A I
A J O I I T D B Q A V J V D
L M I N E H J T B S L Y E I
A I Ş A L O T Ă Q F E O T C
T T B R O C C O L I A P E H
Ă B Ţ E L I N Ă X K C L K E
B V P Ă T R U N J E L X Ţ Ţ
```

USTUROI	SPANAC
ANGHINARE	GHIMBIR
VÂNĂTĂ	NAP
BROCCOLI	CEAPĂ
MORCOV	MĂSLINĂ
ŢELINĂ	PĂTRUNJEL
CIUPERCĂ	MAZĂRE
DOVLEAC	RIDICHE
CASTRAVETE	SALATĂ
ŞALOTĂ	ROŞIE

82 - Famille

```
B L O F V O N Q C S O R A F
C O P I L Ă R I E O M B A I
S O Ț I E L R R L Ț P O W I
M A T E R N G T B U N I C C
P Y W N S B O C D L X N L A
F A K Q Ț F Q K B F B E B M
M S T R Ă M O Ș O T W P U Ă
K T A E M A M Ă J N U O N T
X H T P R X U N C H I T I U
R C Ă N I N E P O A T Ă C Ș
L F W A J M H C O P I I A Ă
B A P H G F S W K N T J Z A
F R A T E R R I P L F W R V
O Y R H P W F L F G P N K Y
```

STRĂMOȘ   SOȚUL
VĂR   MATERN
COPILĂRIE   MAMĂ
COPIL   NEPOT
COPII   NEPOATĂ
SOȚIE   UNCHI
FIICA   PATERN
FRATE   TATĂ
BUNICA   SORA
BUNIC   MĂTUȘĂ

83 - Oiseaux

```
T  Y  E  E  C  S  T  R  U  Ț  T  K  B  M
O  I  O  V  U  L  T  U  R  S  H  J  O  U
U  H  H  B  C  W  G  Â  S  C  Ă  O  K  F
C  A  A  P  S  W  N  V  R  A  B  I  E  A
A  A  A  B  F  V  P  E  S  C  Ă  R  U  Ș
N  I  P  E  L  I  C  A  N  I  V  W  C  V
N  Ţ  L  B  A  R  Z  Ă  J  O  A  M  P  F
G  X  E  R  M  R  A  Ț  Ă  A  E  K  L  E
Z  K  B  I  I  O  C  P  Ţ  R  J  Z  E  H
K  P  Ă  U  N  B  M  S  U  Ă  U  G  B  O
X  L  D  G  G  T  C  K  D  I  Z  N  Q  Z
L  T  Ă  I  O  P  A  P  A  G  A  L  R  Y
P  I  N  G  U  I  N  K  M  W  O  K  E  B
P  O  R  U  M  B  E  L  L  B  Z  I  O  C
```

VULTUR	PINGUIN
STRUȚ	VRABIE
RAȚĂ	PESCĂRUȘ
BARZĂ	OU
PORUMBEL	GÂSCĂ
CIOARĂ	PĂUN
CUC	PAPAGAL
LEBĂDĂ	PELICAN
FLAMINGO	PUI
STÂRC	TOUCAN

84 - Disciplines Scientifiques

```
B O T A N I C Ă X A X P M M
A R H E O L O G I E K U J E
U I M U N O L O G I E C N T
O U C J Q B I O C H I M I E R
R D Y S V A N A T O M I E O
Q V W U O X G M Z R I Y D R
M U L D C C V B Y B E V O
T E R M O D I N A M I C Ă L
C H I M I E S O E Z O O L O
A A X F O D T H L E L L Y G
G E O L O G I E X O O O Ţ I
M L C N S A C E A U G G O E
O T I H O D Ă H X B I I B W
F I Z I O L O G I E E E E M
```

ANATOMIE   GEOLOGIE
ARHEOLOGIE   IMUNOLOGIE
BIOCHIMIE   LINGVISTICĂ
BIOLOGIE   METEOROLOGIE
BOTANICĂ   FIZIOLOGIE
CHIMIE   SOCIOLOGIE
ECOLOGIE   TERMODINAMICĂ

85 - Émotions

```
N P L I C T I S E A L Ă H X
C H A B D W K F R I C Ă Q P
A O P C R H S U R P R I Z Ă
W B N L E C H R R Y S T I S
T B R Ţ I O F I G H A R D W
Ţ I D F I N J E N A T U R J
T V X X N I E X C I T A T
R E L I E F U Ş Q X S T G C
G E U W C D H T T Ţ F E O A
V N F B U C U R I E Ă V S L
B U N Ă T A T E M Ţ C P T M
R E L A X A T O I K U C E R
P N P E S S I M P A T I E Z
R E C U N O S C Ă T O R E T
```

DRAGOSTE	BUCURIE
CALM	PACE
FURIE	FRICĂ
CONŢINUT	RECUNOSCĂTOR
RELAXAT	RELIEF
JENAT	SATISFĂCUT
PLICTISEALĂ	SURPRIZĂ
EXCITAT	SIMPATIE
BUNĂTATE	LINIȘTE

86 - Géographie

```
T  T  E  R  I  T  O  R  I  U  V  Y  P  O
N  V  R  D  H  N  O  R  D  Q  N  O  T  C
Q  Q  E  K  X  A  S  U  D  L  J  K  C  E
M  D  G  Q  Ț  L  R  U  G  G  R  Â  U  A
L  Q  I  W  K  T  W  T  L  O  R  A  Ș  N
A  P  U  U  T  I  M  T  Ă  Ă  N  E  V  A
T  Z  N  J  F  T  S  U  U  L  U  M  E  T
I  C  E  S  U  U  Q  Z  N  Z  Ț  J  S  L
T  M  A  R  E  D  V  Ț  I  T  S  H  T  A
U  T  V  V  N  I  S  Q  G  E  E  O  Q  S
D  C  I  W  Ț  N  B  Z  C  C  Ț  U  Ț  L
I  E  Q  S  K  E  M  E  R  I  D  I  A  N
N  C  O  N  T  I  N  E  N  T  L  L  R  T
E  M  I  S  F  E  R  Ă  D  Z  I  I  Ă  Q
```

ALTITUDINE	LUME
ATLAS	MUNTE
HARTĂ	NORD
CONTINENT	OCEAN
RÂU	VEST
EMISFERĂ	ȚARĂ
INSULĂ	REGIUNE
LATITUDINE	SUD
MARE	TERITORIU
MERIDIAN	ORAȘ

87 - Danse

```
P  T  W  C  B  H  Y  C  A  X  I  K  R  V
R  O  P  D  I  P  Z  U  C  O  R  P  E  E
C  M  S  T  I  Ţ  C  L  A  S  I  C  P  S
O  O  D  T  M  N  M  T  D  I  C  M  E  E
R  V  I  Z  U  A  L  U  E  E  U  R  T  L
E  P  X  P  Z  R  O  R  M  M  X  Q  I  C
G  A  K  U  I  T  Ă  A  I  O  A  G  Ţ  Q
R  R  V  Z  C  Ţ  U  L  E  Ţ  A  I  I  A
A  T  A  G  Ă  R  I  T  M  I  U  R  E  M
F  E  S  Ţ  G  S  J  S  W  E  H  X  T  K
I  N  O  M  I  Ș  C  A  R  E  J  U  R  Ă
E  E  G  L  Y  E  E  X  P  R  E  S  I  V
T  R  A  D  I  Ţ  I  O  N  A  L  J  J  T
C  U  L  T  U  R  Ă  G  N  I  T  X  K  R
```

ACADEMIE	VESEL
ARTĂ	MIȘCARE
COREGRAFIE	MUZICĂ
CLASIC	PARTENER
CORP	POSTURĂ
CULTURĂ	REPETIŢIE
CULTURAL	RITM
EXPRESIV	TRADIŢIONAL
EMOŢIE	VIZUAL
GRAŢIE	

88 - Bâtiments

```
H C E U C S Ş L K R R B O F
T O D W G B C A B I N Ă B A
M W T S Z H O S Y W J L S B
S I C E S T A D I O N W E R
V P J P L Q L V Y Ţ A A R I
G N I O B M Ă P U W E R V C
D F T T B F D V M G E M A Ă
K U R O A M B A S A D Ă T K
C A S T E L A B O R A T O R
I H A M B A R M Ţ A G E R I
N P I S L M B E I J V A M C
E S U P E R M A R K E T O O
M U Z E U J J U X T U R N R
A A P A R T A M E N T U O T
```

AMBASADĂ
APARTAMENT
CABINĂ
CASTEL
CINEMA
ŞCOALĂ
GARAJ
HAMBAR
SPITAL
HOTEL

LABORATOR
MUZEU
OBSERVATOR
STADION
SUPERMARKET
CORT
TEATRU
TURN
FABRICĂ

89 - Pêche

```
E X A G E R A R E R L O B B
P C Q L A H O N S Â R M Ă U
L H H M O F C H Ţ U Ă I P C
A X U I V S E Z O N B A Q Ă
J D X W P L A C X J D D N T
Ă W U B R A N H I I A M F A
W V R X I R M B O Y R O S R
S K Ţ D C N E E A O E M K L
B A R C Ă Â U Z N P O E T A
I H B V T J R D N T Ă A G O
O S U C O Ş I L W F A L C Ă
G R E U T A T E I K T Ă Ţ G
S D O K S U N K R G R A Q U
T G L G Z S D P A V J P K Y
```

MOMEALĂ	RÂU
BARCĂ	LAC
BRANHII	FALCĂ
CÂRLIG	OCEAN
BUCĂTAR	COŞ
APĂ	RĂBDARE
EXAGERARE	PLAJĂ
ECHIPAMENT	GREUTATE
SÂRMĂ	SEZON

90 - Activités et Loisirs

```
S C U F U N D Ă R I P G B G
R B W O K D R H T F E C A R
I F L T C B U B W E S A S Ă
G X T B N R M A Ţ U C M E D
Ţ O G A Ţ A E S C L U P B I
Ţ D L L W Y Ţ C U F I I A N
A G Z F R R I H Î R T N L Ă
R E N D E P I E N C F G L R
T K V O L E I T O T O I O I
Ă B H Y A K R C T T K C N T
L O M O X Z Q S T N T Ţ R G
E X M M A I Y Q Z U Q O A U
B P D X N C U R S E R Y P O
C T F J T E N I S Q U A R O
```

ARTĂ	ÎNOT
BASEBALL	PICTURA
BASCHET	PESCUIT
BOX	SCUFUNDĂRI
CAMPING	DRUMEŢII
CURSE	RELAXANT
FOTBAL	SURFING
GOLF	TENIS
GRĂDINĂRIT	VOLEI

91 - Livres

```
N  T  R  A  G  I  C  A  R  S  V  V  Ţ  Q
P  A  E  D  N  C  N  U  P  O  E  Z  I  E
L  I  R  U  Ţ  A  N  T  O  A  M  F  G  R
I  S  E  A  U  S  P  O  E  M  B  A  Z  S
N  T  C  L  T  C  Ţ  R  P  A  G  I  N  Ă
D  O  O  I  C  O  P  O  V  E  S  T  E  Ţ
E  R  L  T  R  O  R  E  L  E  V  A  N  T
U  I  E  A  V  E  N  T  U  R  Ă  C  W  H
M  C  C  T  C  J  T  T  B  C  E  N  P  C
O  D  Ţ  E  Y  D  T  O  E  S  E  R  I  E
R  C  I  T  I  T  O  R  F  X  P  Q  Ţ  J
U  P  E  L  I  T  E  R  A  R  T  X  H  J
U  H  B  I  I  N  V  E  N  T  I  V  W  C
Y  P  C  S  Y  S  M  Q  W  S  E  P  I  C
```

AUTOR	CITITOR
AVENTURĂ	LITERAR
COLECȚIE	NARATOR
CONTEXT	PAGINĂ
DUALITATE	RELEVANT
EPIC	POEM
POVESTE	POEZIE
ISTORIC	ROMAN
PLIN DE UMOR	SERIE
INVENTIV	TRAGIC

92 - Pays #2

```
J X S M L I D X Z U E B R C
A M O J P I N D O N E Z I A
M P M M A R B Z G U U Ţ B U
A M A R K P M A J Y M F A K
I E L V I X O Q N N D R Z E
C X I U S V N N S U D A N N
A I A C T Z J U I P A N Ţ Y
A C F R A Y I G R A L Ţ L A
I R L A N D A A I E B A K W
C U N I C H I N A B A K T K
U S G N Y Ţ K D Q S N R C Ţ
U I Z A H O H A I T I C T W
Y A V J Y W O P B N A K P W
D A N E M A R C A L A O S Y
```

ALBANIA   LAOS
CHINA   LIBAN
DANEMARCA   MEXIC
FRANŢA   UGANDA
HAITI   PAKISTAN
INDONEZIA   RUSIA
IRLANDA   SOMALIA
JAMAICA   SUDAN
JAPONIA   SIRIA
KENYA   UCRAINA

93 - Fournitures d'Art

```
A  P  Ă  E  Ț  Ț  Q  V  U  L  W  D  Q  C
A  P  E  R  I  I  C  U  L  O  R  I  R  P
C  K  A  Q  G  D  H  U  S  B  V  L  U  X
R  C  E  R  N  E  A  L  Ă  Ț  O  Ș  R  I
I  S  V  V  A  I  A  C  U  A  R  E  L  E
L  C  N  Y  U  T  H  K  K  W  Y  V  C  C
I  A  H  Z  V  G  F  Â  G  U  T  A  R  Ă
C  U  L  E  I  S  Q  O  R  R  Ț  L  E  R
N  N  L  I  P  I  C  I  T  T  N  E  I  B
P  A  S  T  E  L  U  R  I  O  I  T  O  U
C  R  E  A  T  I  V  I  T  A  T  E  A  N
E  D  Ț  L  F  R  A  D  I  E  R  Ă  N  E
V  L  U  T  U  T  A  B  E  L  C  L  E  A
D  Y  P  B  M  T  W  R  W  Q  J  W  F  G
```

ACRILIC	CREIOANE
ACUARELE	CREATIVITATE
LUT	APĂ
PERII	CERNEALĂ
APARAT FOTO	RADIERĂ
SCAUN	ULEI
CĂRBUNE	IDEI
ȘEVALET	HÂRTIE
LIPICI	PASTELURI
CULORI	TABEL

94 - Jouets

```
M  E  Ş  T  E  Ş  U  G  U  R  I  Q  T  Z
C  A  M  I  O  N  T  D  G  T  M  L  D  M
N  J  M  F  A  V  O  R  I  T  E  U  C  E
B  Q  A  E  V  L  B  F  Y  A  Z  H  R  U
B  N  Ș  Y  L  Q  E  P  U  Z  Z  L  E  A
A  X  I  S  R  U  Q  Ţ  K  Q  T  J  I  V
R  L  N  W  A  O  T  R  E  N  Q  Z  O  I
C  C  Ă  J  P  P  B  S  Z  U  M  R  A  O
Ă  E  M  O  B  R  X  O  H  C  D  G  N  N
S  B  I  C  I  C  L  E  T  Ă  Ă  G  E  V
H  L  N  U  R  G  Z  F  L  R  L  R  T  K
C  Q  G  R  E  E  Ţ  B  O  X  M  C  Ţ  Ţ
O  O  E  I  M  A  G  I  N  A  Ţ  I  E  I
P  Ă  P  U  Ş  Ă  J  Ţ  Ş  A  H  J  T  I
```

LUT	IMAGINAȚIE
MEŞTEŞUGURI	JOCURI
AVION	CĂRȚI
MINGE	PĂPUŞĂ
BARCĂ	PUZZLE
CAMION	ROBOT
ZMEU	TOBE
CREIOANE	TREN
ŞAH	BICICLETĂ
FAVORIT	MAŞINĂ

95 - Eau

```
G I U L J N T Ț D A C L Q M
H I R Z T U M I D I T A T E
E K A I K H Z M M U S C S V
A A G S G G V C A X Ș A G A
Ț V A R G A H B W Y T N V P
Ă A N Â V Z R E L M I A U O
D L E U A Ă U E I O T L W R
M U S O N P Î U P Z I J R A
M R O C E A N M F I E Q C R
O I C U I D G E A Ț Z R B E
F P P R N Ă H D P L O A I E
L K Z E P J E E L Y X B N D
I N U N D A Ț I I L Q U T T
Z L Y T W R N F V T L R O T
```

CANAL	INUNDAȚII
DUȘ	IRIGARE
EVAPORARE	LAC
RÂU	MUSON
CURENT	ZĂPADĂ
ÎNGHEȚ	OCEAN
GHEIZER	URAGAN
GHEAȚĂ	PLOAIE
UMEDE	VALURI
UMIDITATE	ABUR

96 - Paysages

```
N Q G K U B M N S P D O L P
J K W R O O L M A I E R X E
C B I R Â U A N A O A Z Ă N
T U N D R Ă Ș C V R L A C I
P G S V M D T V A L E J Q N
L H U U G E I Q I S E F L S
A E L L H B N M S X C V M U
J Ț Ă C E V Ă S B F C A H L
Ă A E A I S R G E S M Z D Ă
H R H N Z Q T C R Q U V M Ă
N A Z V E V X U G J N C B R
D E Ș E R T Y N A N T V H U
H P E Ș T E R Ă Q R E K T A
Ț T X Ț W H V U W V X U U K
```

CASCADĂ	LAC
DEAL	MLAȘTINĂ
DEȘERT	MARE
ESTUAR	MUNTE
RÂU	OAZĂ
GHEIZER	PENINSULĂ
GHEȚAR	PLAJĂ
PEȘTERĂ	TUNDRĂ
AISBERG	VALE
INSULĂ	VULCAN

97 - Nombres

```
D O U Ă Z E C I E W Z E T M
Ş O K R G I O Z N K Q J R O
T A P A I S P R E Z E C E P
R C I T P O T M K S N J I T
E I M S S B M C C G X C S I
I N Z I P P Ţ K T B G G P U
C C E P E R H H R H M R T
P I C P H O E E B V K U E D
D J I W Y N A Z Z G J L Z E
O Ş M A C D B E E E Z H E Z
I P A T R U Y M T C C X C E
U P L P U H Q C S M E E E C
O Ş A P T E S P R E Z E C E
S Z W B E E N O U Ă Ş A S E
```

CINCI   PAISPREZECE
DOI   PATRU
ZECIMAL   ŞAISPREZECE
ZECE   ŞAPTE
OPTSPREZECE   ŞASE
ŞAPTESPREZECE   TREISPREZECE
OPT   TREI
NOUĂ   DOUĂZECI

98 - Nature

```
F E S U C G E E I X I L R I
D R R A D Ă P O S T X O Z H
E T U O N H W G A Q Z V U B
Ș R P M Z C K I C Y C K Ţ Y
E O H V U I T P A Ș N I C Ă
R P A I H S U U F L S D R K
T I R T S Ă E N A V R P K S
N C C A X L S Ț E R K B E E
C A T L I B G H E Ț A R P N
E L I J M A D I N A M I C I
A B C F K T A N I M A L E N
Ţ P W Z N I J O A L B I N E
Ă S M K H C K R T R Â U V D
P Ă D U R E K I F R U N Z E
```

ALBINE
ADĂPOST
ANIMALE
ARCTIC
FRUMUSEȚE
CEAȚĂ
DEȘERT
DINAMIC
EROZIUNE
FRUNZE

RÂU
PĂDURE
GHEȚAR
NORI
PAȘNICĂ
SANCTUAR
SĂLBATIC
SENIN
TROPICAL
VITAL

99 - Bateaux

```
J  I  X  E  Z  U  J  S  P  V  U  O  F  I
B  C  Z  C  C  Q  Z  G  L  M  A  R  E  M
O  Ţ  H  A  N  H  X  G  U  O  W  X  H  A
W  C  O  N  H  A  I  P  T  T  C  O  T  R
M  P  X  O  N  R  U  P  Ă  O  A  E  Q  E
D  T  M  E  E  P  Ţ  T  A  R  I  X  A  E
C  A  T  A  R  G  Y  U  I  J  A  H  N  N
M  A  R  I  T  I  M  M  Q  C  C  I  C  B
R  Â  U  M  A  R  I  N  A  R  F  E  O  H
G  E  A  M  A  N  D  U  R  Ă  X  X  R  Q
F  R  Â  N  G  H  I  E  B  J  U  L  Ă  L
N  I  L  A  C  A  A  R  H  B  W  L  N  U
T  H  O  J  T  T  H  A  V  A  L  U  R  I
W  O  M  N  Ţ  I  T  K  R  C  C  D  W  O
```

ANCORĂ	MARINAR
GEAMANDURĂ	MARITIM
CANOE	CATARG
FRÂNGHIE	MARE
ECHIPAJ	MOTOR
BAC	NAUTIC
RÂU	OCEAN
CAIAC	PLUTĂ
LAC	VALURI
MAREE	IAHT

100 - Mesures

```
A K K V A L P S V M V O Q L
D I I O N Z U G Z Z A Ţ R U
Â L L L Î E R R S J C S L N
N O O U N C I E B E E N Ă G
C M G M Ă I O U U Y N X Ţ I
I E R G L M E T R U T R I M
M T A Q Ţ A N A K L I E M E
E R M H I L I T R U M Q E C
V U X D M Ţ Z E Z D E I S E
G R A D E Ţ T R T L T N G X
Y R T Y T O N Ă K N R C S C
Z M A M Ţ O Ţ P Q V U H G R
O Q R M I N U T S F H T F I
F N G P H L J C J Q C X B F
```

CENTIMETRU	MASĂ
GRAD	METRU
ZECIMAL	MINUT
GRAM	BYTE
ÎNĂLŢIME	UNCIE
KILOGRAM	GREUTATE
KILOMETRU	INCH
LĂŢIME	ADÂNCIME
LITRU	TONĂ
LUNGIME	VOLUM

1 - Été

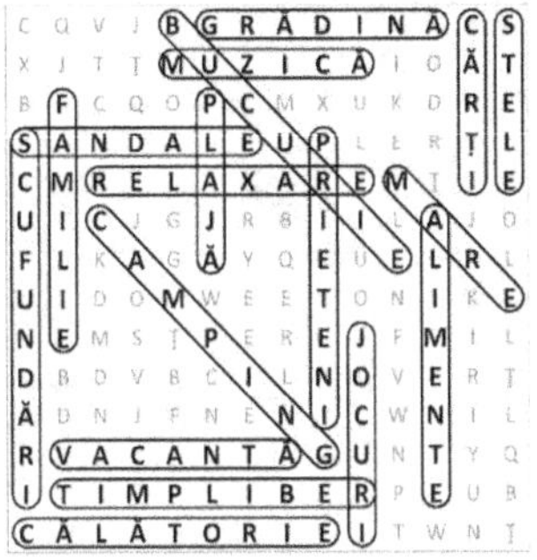

2 - Adjectifs #2

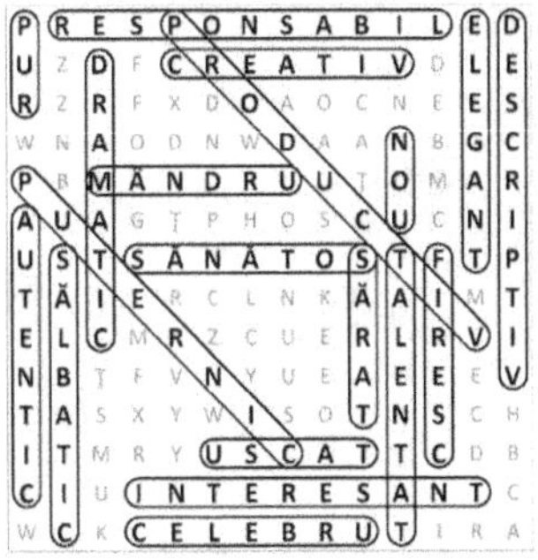

3 - Exploration

4 - Formes

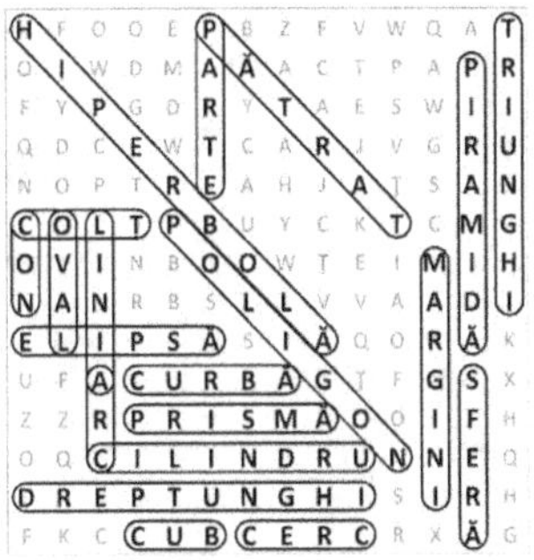

5 - Salle de Bains

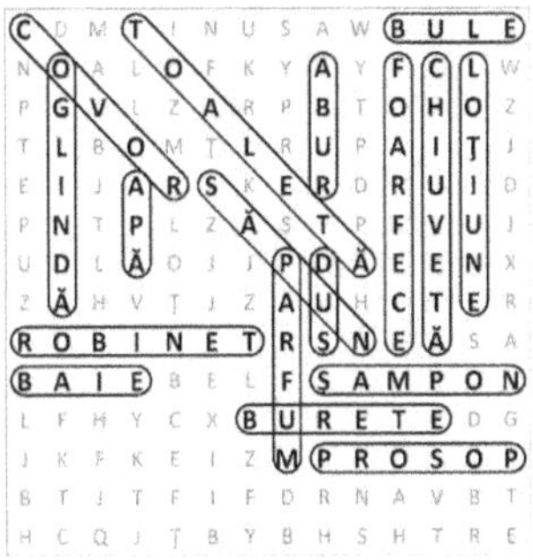

6 - Adjectifs #1

7 - Instruments de Musique

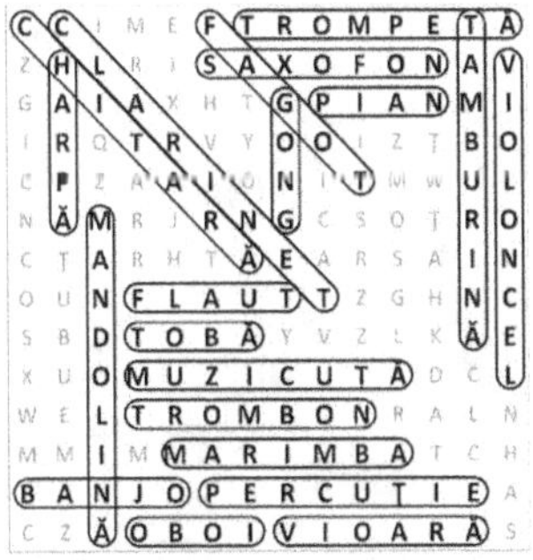

8 - Échecs

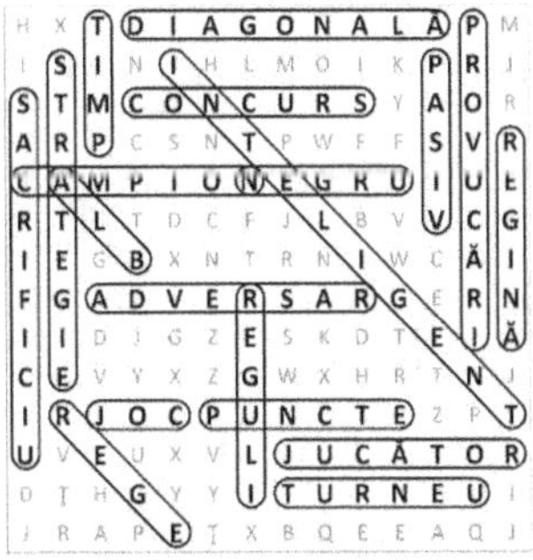

9 - Herboristerie

10 - Véhicules

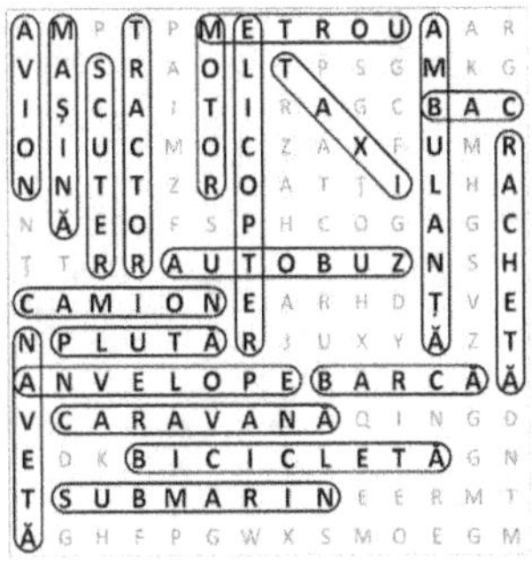

11 - Camping

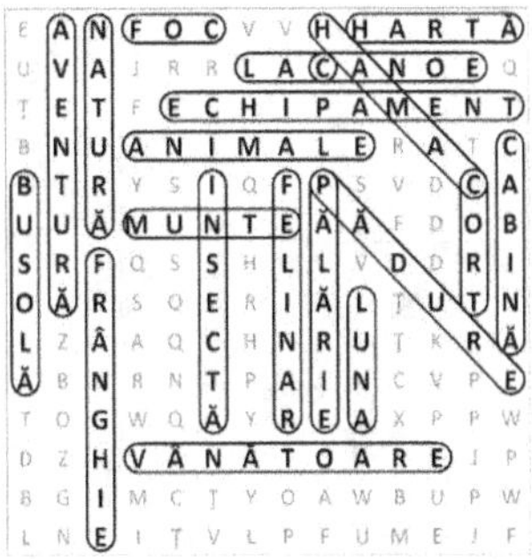

12 - Conservation

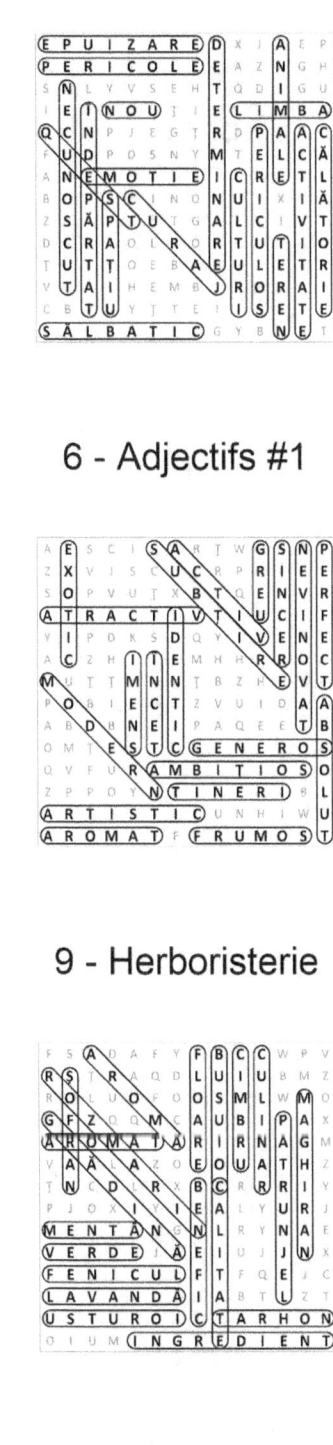

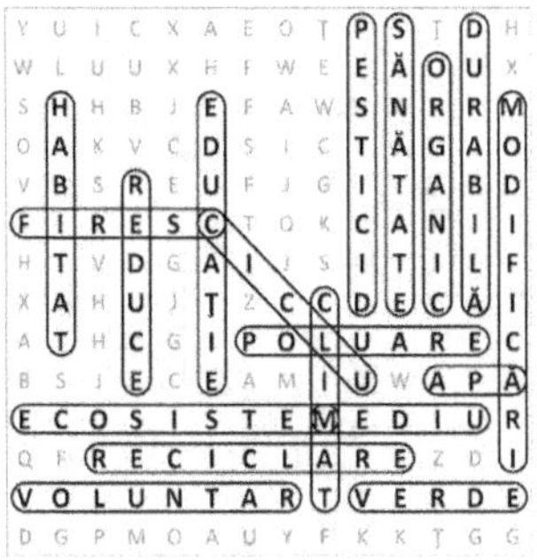

13 - Écologie

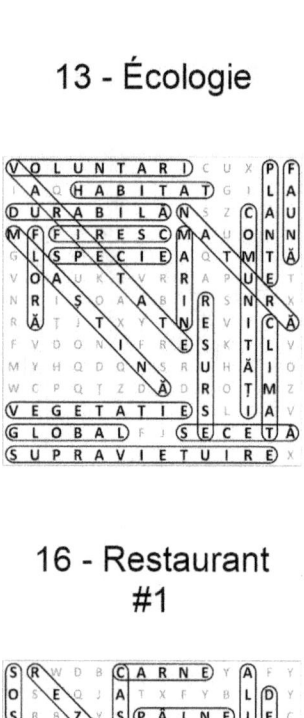

14 - Astronomie

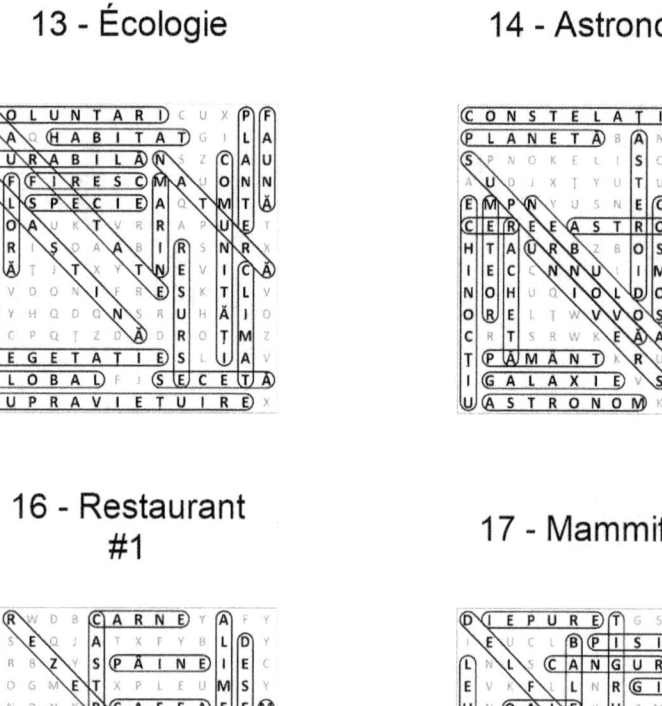

15 - Types de Cheveux

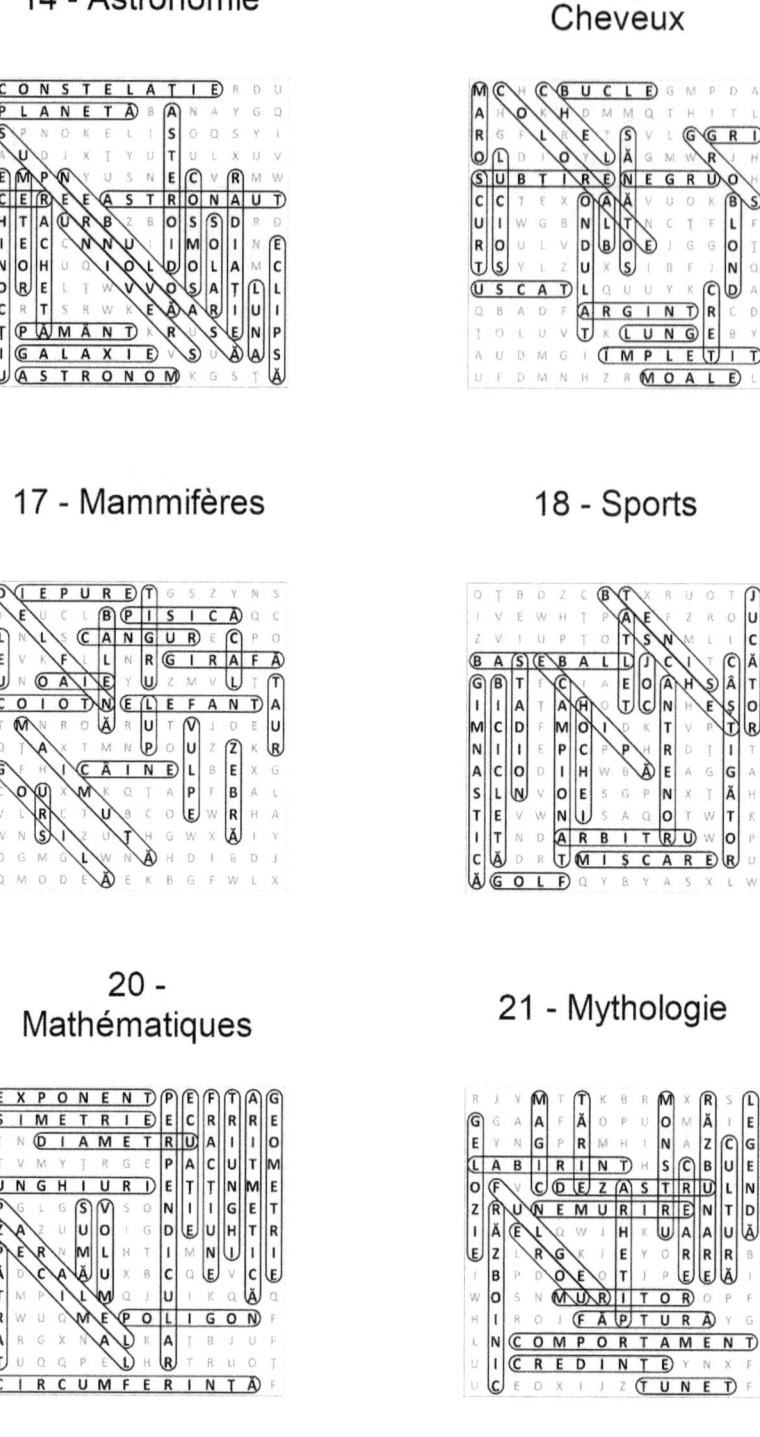

16 - Restaurant #1

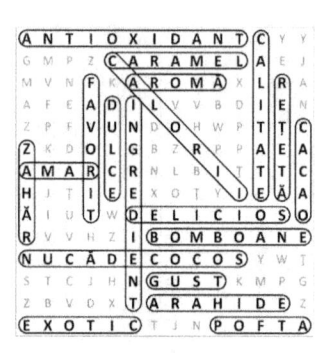

17 - Mammifères

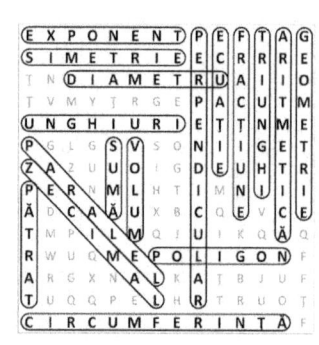

18 - Sports

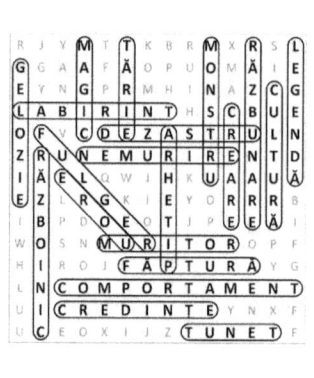

19 - Chocolat

20 - Mathématiques

21 - Mythologie

22 - Restaurant #2

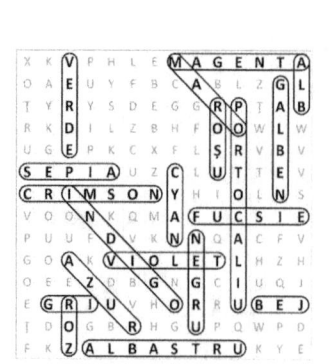

23 - Couleurs

24 - Avions

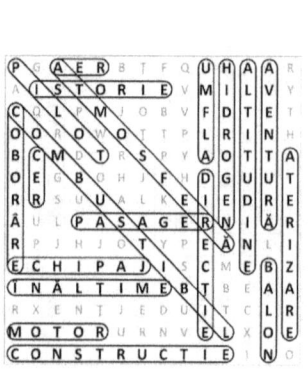

25 - Aventure

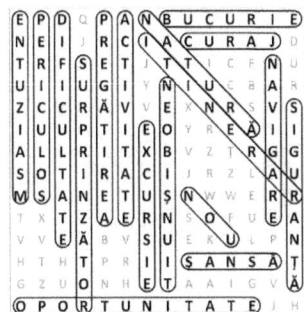

26 - Ville

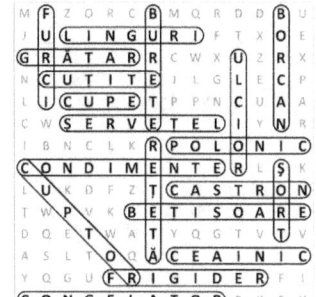

27 - Cuisine

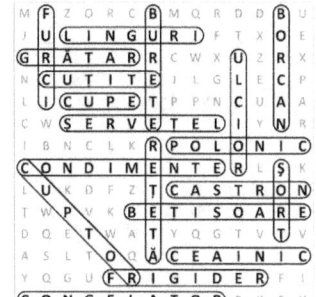

28 - Gentillesse

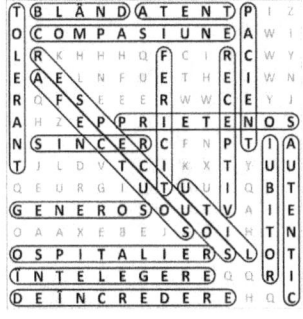

29 - Corps Humain

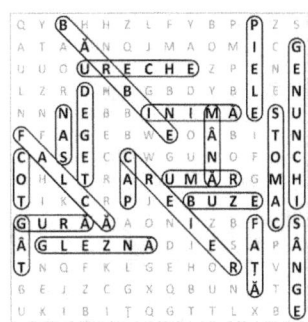

30 - Épices

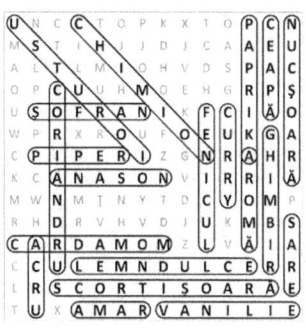

31 - Science

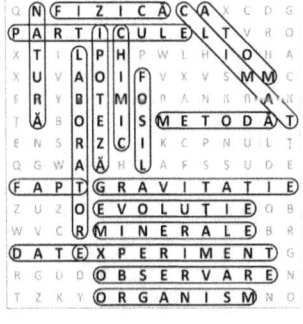

32 - Chats

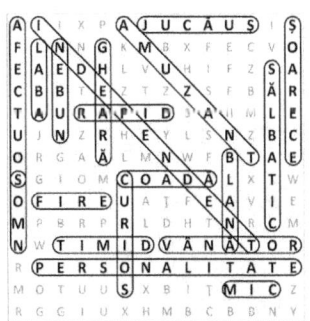

33 - Vêtements

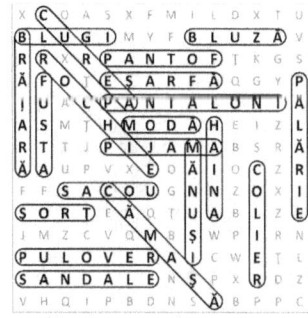

34 - Arts Visuels

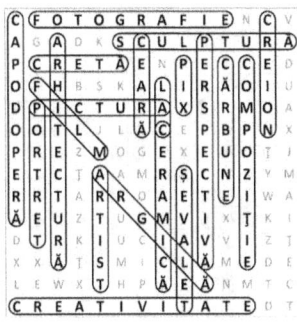

35 - Méditation

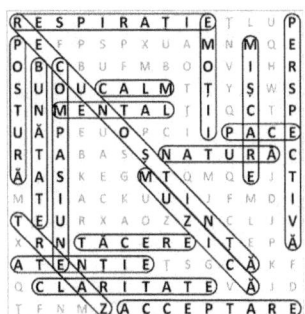

36 - Littérature

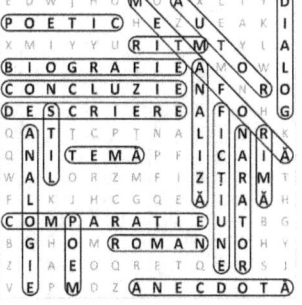

37 - Nourriture #1

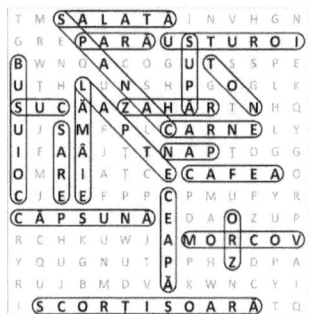

38 - Jours et Mois

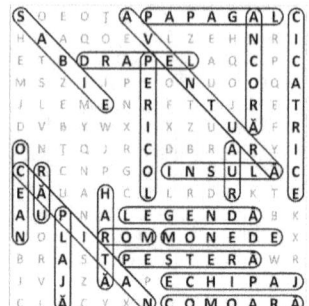

39 - Pirates

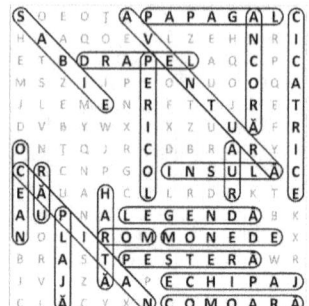

40 - Activités

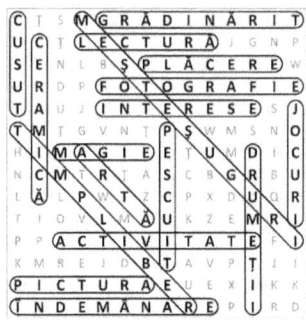

41 - Fleurs

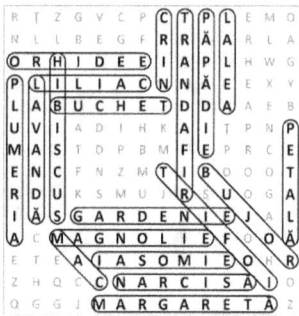

42 - Nourriture #2

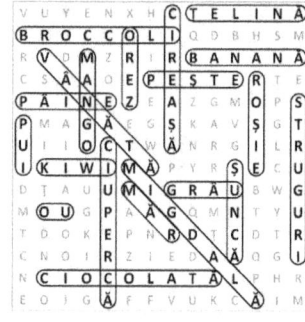

43 - Océan

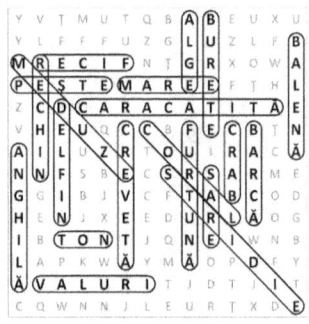

44 - Remplir

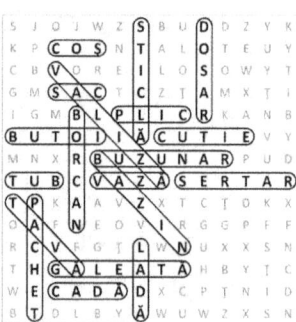

45 - Ballet

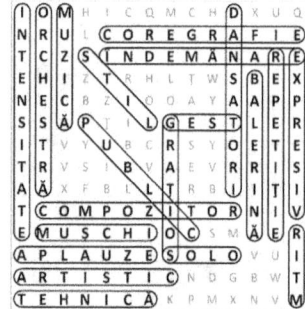

46 - Fruit

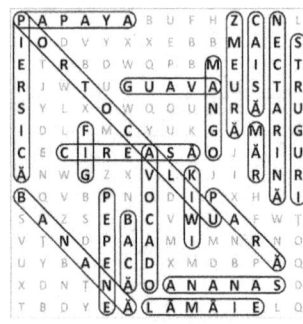

47 - Surf

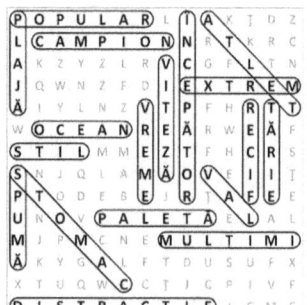

48 - Technologie

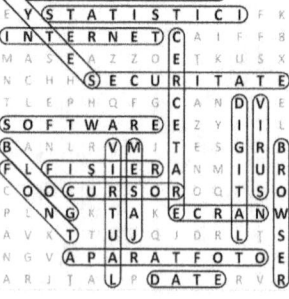

49 - Comédie

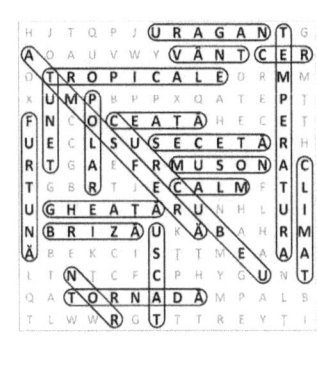

50 - Météo

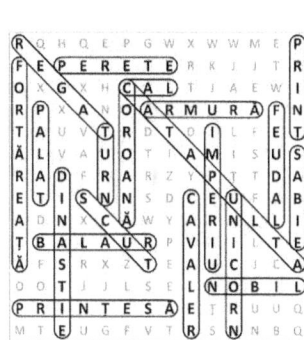

51 - Châteaux

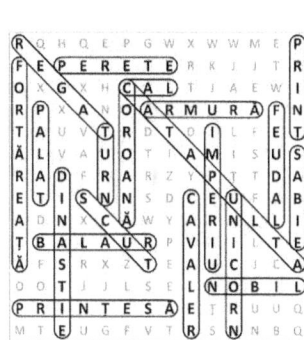

52 - Randonnée

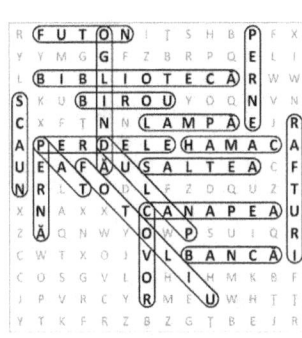

53 - Meubles

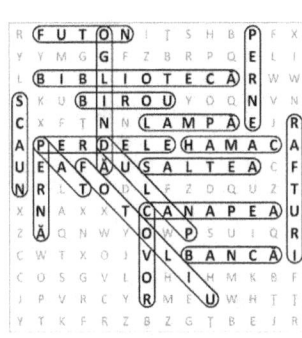

54 - Art

55 - Nutrition

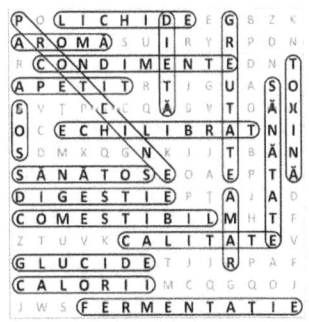

56 - Science Fiction

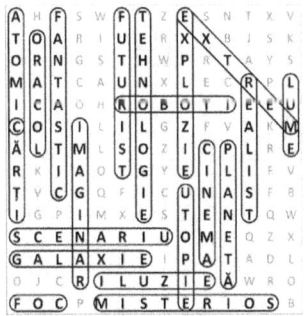

57 - Vertus #1

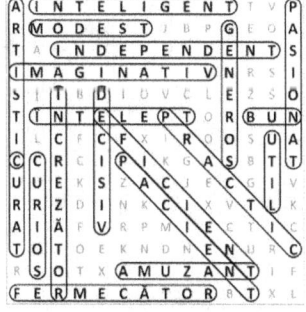

58 - Professions #1

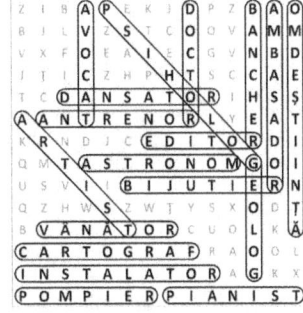

59 - Géologie

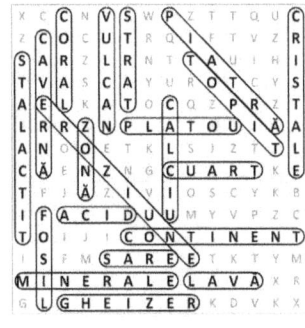

60 - Cirque

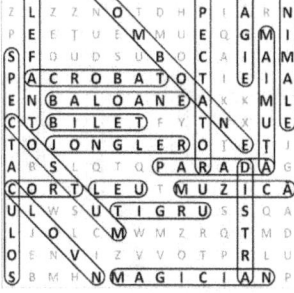

61 - Jardin

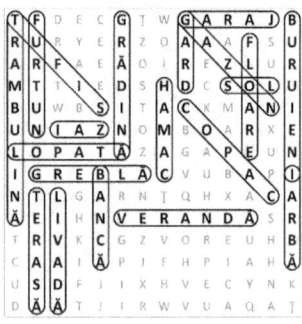

62 - Barbecues

63 - Anniversaire

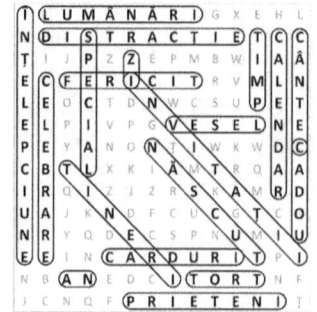

64 - Animaux de Compagnie

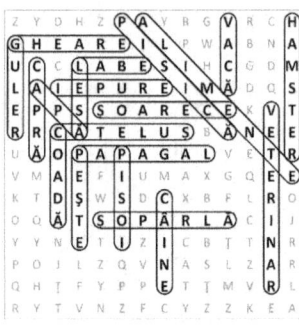

65 - Forêt Tropicale

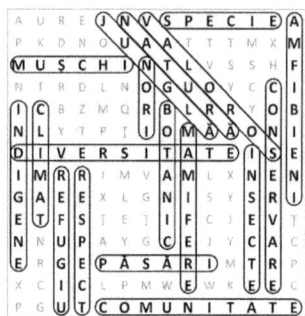

66 - Insectes

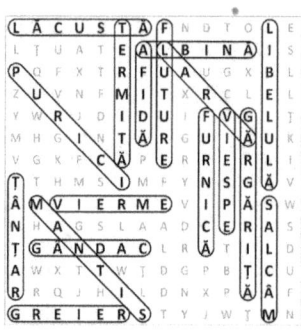

67 - Ferme #1

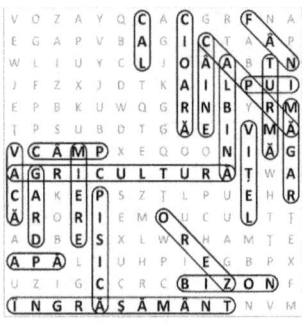

68 - Escalade

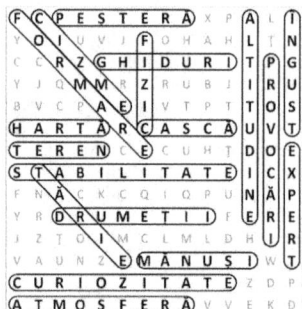

69 - École #2

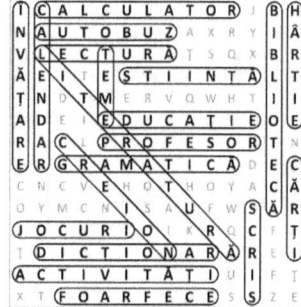

70 - Antarctique

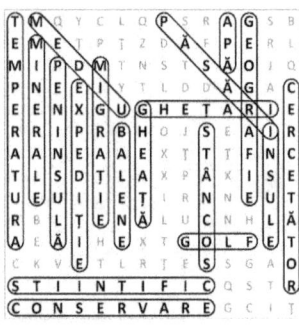

71 - Professions #2

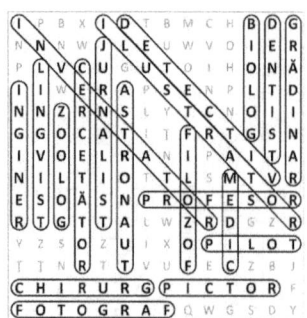

72 - Les Abeilles

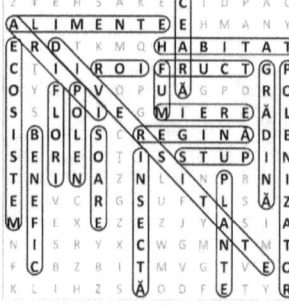

73 - Dinosaures

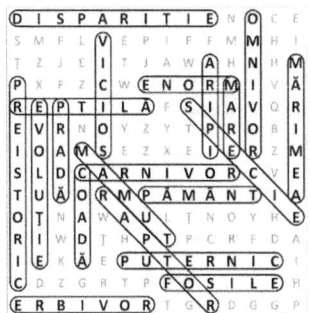

74 - Conduite

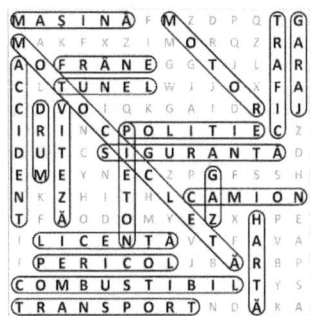

75 - Plantes

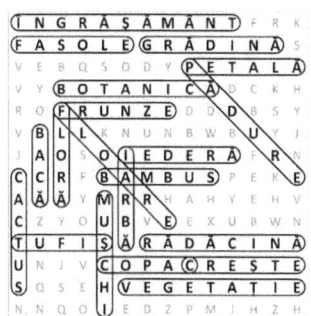

76 - Ferme #2

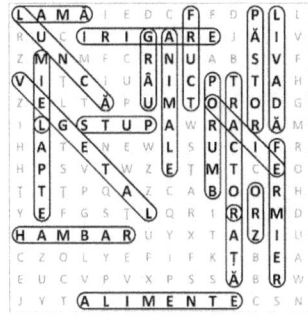

77 - École #1

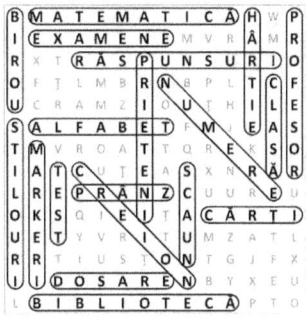

78 - Vacances #2

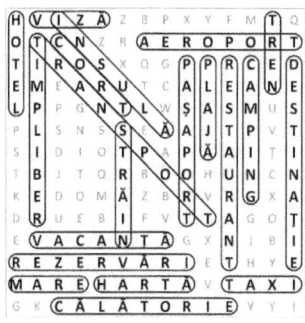

79 - Temps

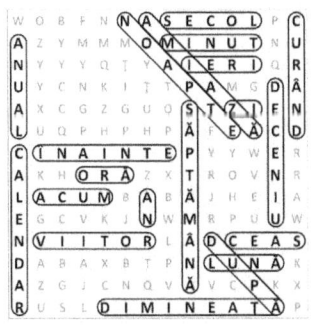

80 - Maison

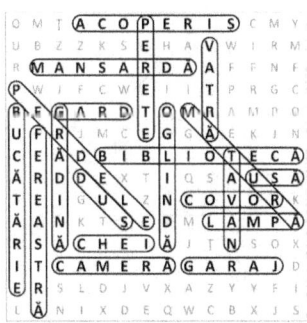

81 - Légumes

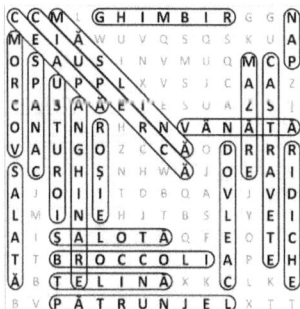

82 - Famille

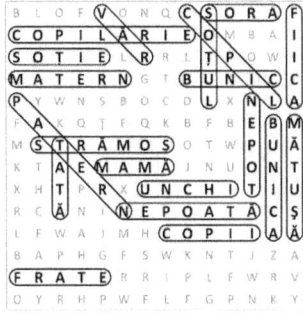

83 - Oiseaux

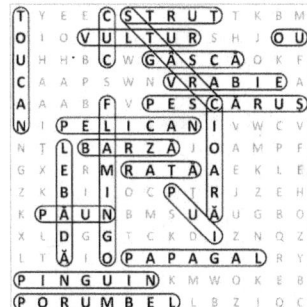

84 - Disciplines Scientifiques

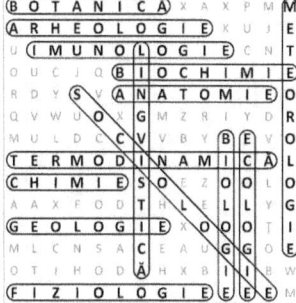

85 - Émotions

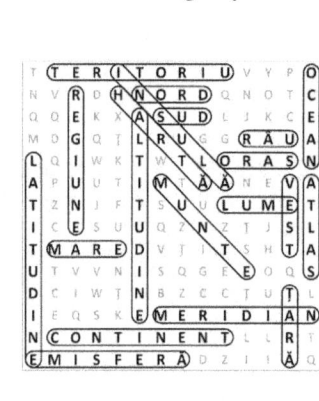

86 - Géographie

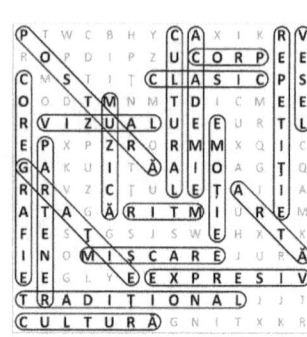

87 - Danse

88 - Bâtiments

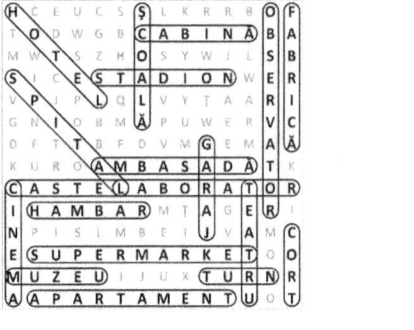

89 - Pêche

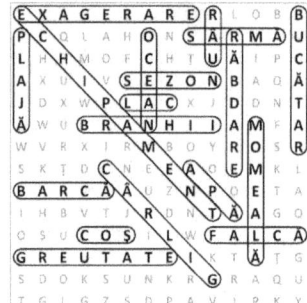

90 - Activités et Loisirs

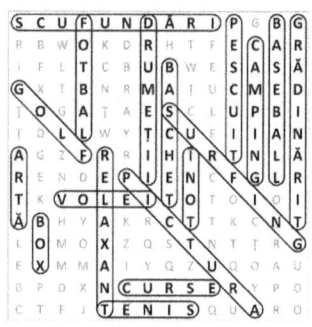

91 - Livres

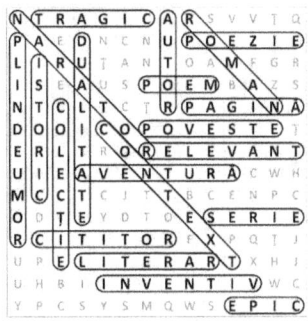

92 - Pays #2

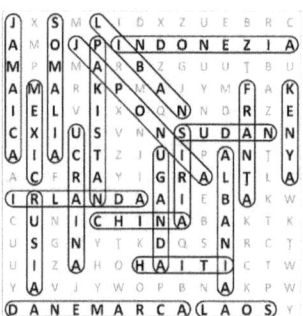

93 - Fournitures d'Art

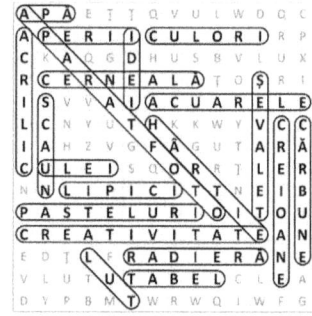

94 - Jouets

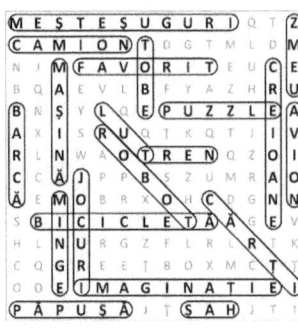

95 - Eau

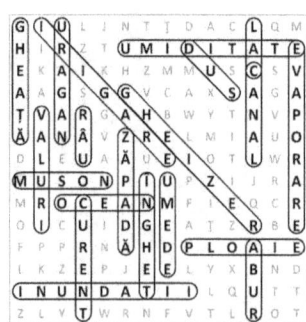

96 - Paysages

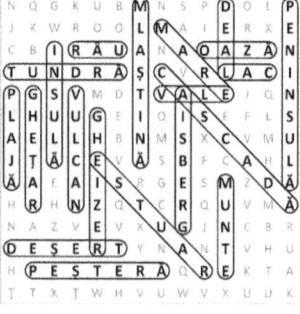

97 - Nombres

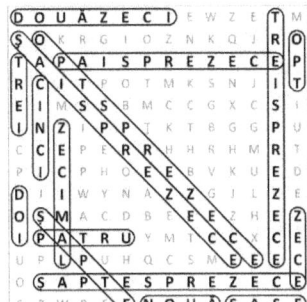

98 - Nature

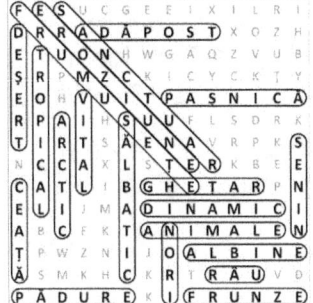

99 - Bateaux

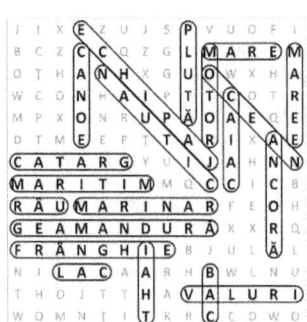

100 - Mesures

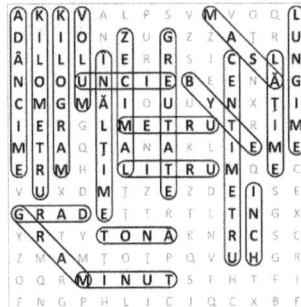

Dictionnaire

Activités
Activităţi

Activité	Activitate
Art	Artă
Artisanat	Meşteşuguri
Camping	Camping
Céramique	Ceramică
Chasse	Vânătoare
Compétence	Îndemânare
Couture	Cusut
Intérêts	Interese
Jardinage	Grădinărit
Jeux	Jocuri
Lecture	Lectură
Loisir	Timp Liber
Magie	Magie
Peinture	Pictura
Pêche	Pescuit
Photographie	Fotografie
Plaisir	Plăcere
Randonnée	Drumeţii
Relaxation	Relaxare

Activités et Loisirs
Activităţi şi Timp Liber

Achats	Cumpărături
Art	Artă
Base-Ball	Baseball
Basket-Ball	Baschet
Boxe	Box
Camping	Camping
Course	Curse
Football	Fotbal
Golf	Golf
Jardinage	Grădinărit
Nager	Înot
Peinture	Pictura
Pêche	Pescuit
Plongée	Scufundări
Randonnée	Drumeţii
Relaxant	Relaxant
Surf	Surfing
Tennis	Tenis
Volley-Ball	Volei
Voyage	Călătorie

Adjectifs #1
Adjective #1

Absolu	Absolut
Actif	Activ
Ambitieux	Ambiţios
Aromatique	Aromat
Artistique	Artistic
Attractif	Atractiv
Beau	Frumos
Exotique	Exotic
Énorme	Imens
Généreux	Generos
Honnête	Sincer
Identique	Identic
Important	Important
Innocent	Nevinovat
Jeune	Tineri
Lent	Încet
Lourd	Greu
Mince	Subţire
Moderne	Modern
Parfait	Perfect

Adjectifs #2
Adjective #2

Authentique	Autentic
Célèbre	Celebru
Créatif	Creativ
Descriptif	Descriptiv
Doué	Talentat
Dramatique	Dramatic
Élégant	Elegant
Fier	Mândru
Fort	Puternic
Intéressant	Interesant
Naturel	Firesc
Nouveau	Nou
Productif	Productiv
Pur	Pur
Responsable	Responsabil
Sain	Sănătos
Salé	Sărat
Sauvage	Sălbatic
Sec	Uscat
Somnolent	Somnoros

Animaux de Compagnie
Animale de Companie

Chat	Pisică
Chaton	Pisoi
Chèvre	Capră
Chien	Câine
Chiot	Căţeluş
Collier	Guler
Eau	Apă
Griffes	Gheare
Hamster	Hamster
Laisse	Lesă
Lapin	Iepure
Lézard	Şopârlă
Nourriture	Alimente
Pattes	Labe
Perroquet	Papagal
Poisson	Peşte
Queue	Coadă
Souris	Şoarece
Vache	Vacă
Vétérinaire	Veterinar

Anniversaire
Ziua de Nastere

Amis	Prieteni
Amusement	Distracţie
Année	An
Bougies	Lumânări
Cadeau	Cadou
Calendrier	Calendar
Cartes	Carduri
Chanson	Cântec
Fête	Celebrare
Gâteau	Tort
Heureux	Fericit
Invitations	Invitaţii
Jeune	Tineri
Jour	Zi
Joyeux	Vesel
Né	Născut
Sagesse	Înţelepciune
Spécial	Special
Temps	Timp

Antarctique
Antarctica

Baie	Golf
Baleines	Balene
Chercheur	Cercetător
Conservation	Conservare
Continent	Continent
Eau	Apă
Environnement	Mediu
Expédition	Expediţie
Géographie	Geografie
Glace	Gheaţă
Glaciers	Gheţari
Îles	Insule
Migration	Migraţie
Minéraux	Minerale
Oiseaux	Păsări
Péninsule	Peninsulă
Rocheux	Stâncos
Scientifique	Ştiinţific
Température	Temperatura
Topographie	Topografie

Art
Arta

Céramique	Ceramică
Complexe	Complex
Composition	Compoziţie
Créer	Crea
Dépeindre	Portret
Expression	Expresie
Honnête	Sincer
Humeur	Dispozitie
Inspiré	Inspirat
Original	Original
Personnel	Personal
Poésie	Poezie
Sculpture	Sculptură
Simple	Simplu
Sujet	Subiect
Surréalisme	Suprarealism
Symbole	Simbol
Visuel	Vizual

Arts Visuels
Arte Vizuale

Architecture	Arhitectură
Argile	Argilă
Artiste	Artist
Céramique	Ceramică
Charbon	Cărbune
Chef-D'Œuvre	Capodoperă
Chevalet	Şevalet
Cire	Ceară
Composition	Compoziţie
Craie	Cretă
Crayon	Creion
Créativité	Creativitate
Film	Film
Peinture	Pictura
Perspective	Perspectivă
Photographie	Fotografie
Portrait	Portret
Sculpture	Sculptură
Stylo	Pix
Vernis	Lac

Astronomie
Astronomie

Astéroïde	Asteroid
Astronaute	Astronaut
Astronome	Astronom
Ciel	Cer
Constellation	Constelaţie
Cosmos	Cosmos
Éclipse	Eclipsă
Équinoxe	Echinocţiu
Fusée	Rachetă
Galaxie	Galaxie
Lune	Luna
Météore	Meteor
Nébuleuse	Nebuloasă
Observatoire	Observator
Planète	Planetă
Radiation	Radiaţie
Solaire	Solar
Supernova	Supernovă
Terre	Pământ
Univers	Univers

Aventure
Aventuri

Activité	Activitate
Beauté	Frumuseţe
Bravoure	Curaj
Chance	Şansă
Dangereux	Periculos
Destination	Destinaţie
Difficulté	Dificultate
Enthousiasme	Entuziasm
Excursion	Excursie
Inhabituel	Neobişnuit
Itinéraire	Itinerar
Joie	Bucurie
Nature	Natură
Navigation	Navigare
Nouveau	Nou
Opportunité	Oportunitate
Préparation	Pregătirea
Sécurité	Siguranţă
Surprenant	Surprinzător
Voyages	Călătorii

Avions
Avioane

Air	Aer
Altitude	Altitudine
Atmosphère	Atmosferă
Atterrissage	Aterizare
Aventure	Aventură
Ballon	Balon
Carburant	Combustibil
Ciel	Cer
Construction	Construcţie
Descente	Coborâre
Direction	Direcţie
Équipage	Echipaj
Gonfler	Umfla
Hauteur	Înălţime
Histoire	Istorie
Hydrogène	Hidrogen
Moteur	Motor
Passager	Pasager
Pilote	Pilot
Turbulence	Turbulenţă

Ballet
Balet

Applaudissement	Aplauze
Artistique	Artistic
Ballerine	Balerină
Chorégraphie	Coregrafie
Compétence	Îndemânare
Compositeur	Compozitor
Danseurs	Dansatori
Expressif	Expresiv
Geste	Gest
Gracieux	Grațios
Intensité	Intensitate
Muscles	Mușchi
Musique	Muzică
Orchestre	Orchestră
Public	Public
Répétition	Repetiție
Rythme	Ritm
Solo	Solo
Style	Stil
Technique	Tehnică

Barbecues
Grătare

Chaud	Fierbinte
Couteaux	Cuțite
Déjeuner	Prânz
Dîner	Cina
Enfants	Copii
Été	Vară
Faim	Foame
Famille	Familie
Fruit	Fruct
Gril	Grătar
Jeux	Jocuri
Légumes	Legume
Musique	Muzică
Oignons	Ceapă
Poivre	Piper
Poulet	Pui
Salades	Salate
Sauce	Sos
Sel	Sare
Tomates	Rosii

Bateaux
Barci

Ancre	Ancoră
Bouée	Geamandură
Canoë	Canoe
Corde	Frânghie
Équipage	Echipaj
Ferry	Bac
Fleuve	Râu
Kayak	Caiac
Lac	Lac
Marée	Maree
Marin	Marinar
Maritime	Maritim
Mât	Catarg
Mer	Mare
Moteur	Motor
Nautique	Nautic
Océan	Ocean
Radeau	Plută
Vagues	Valuri
Yacht	Iaht

Bâtiments
Constructii

Ambassade	Ambasadă
Appartement	Apartament
Cabine	Cabină
Château	Castel
Cinéma	Cinema
École	Școală
Garage	Garaj
Grange	Hambar
Hôpital	Spital
Hôtel	Hotel
Laboratoire	Laborator
Musée	Muzeu
Observatoire	Observator
Stade	Stadion
Supermarché	Supermarket
Tente	Cort
Théâtre	Teatru
Tour	Turn
Université	Universitate
Usine	Fabrică

Camping
Camping

Animaux	Animale
Aventure	Aventură
Boussole	Busolă
Cabine	Cabină
Canoë	Canoe
Carte	Hartă
Chapeau	Pălărie
Chasse	Vânătoare
Corde	Frânghie
Équipement	Echipament
Feu	Foc
Forêt	Pădure
Hamac	Hamac
Insecte	Insectă
Lac	Lac
Lanterne	Felinar
Lune	Luna
Montagne	Munte
Nature	Natură
Tente	Cort

Chats
Pisicile

Affectueux	Afectuos
Chasseur	Vânător
Curieux	Curios
Dormir	Somn
Drôle	Amuzant
Espiègle	Jucăuș
Fil	Fire
Fou	Nebun
Fourrure	Blană
Griffe	Gheară
Indépendant	Independent
Patte	Laba
Personnalité	Personalitate
Peu	Mic
Queue	Coadă
Rapide	Rapid
Sauvage	Sălbatic
Souris	Șoarece
Timide	Timid

Châteaux
Castele

Armure	Armură
Bouclier	Scut
Catapulte	Catapulta
Cheval	Cal
Chevalier	Cavaler
Couronne	Coroană
Dragon	Balaur
Dynastie	Dinastie
Empire	Imperiu
Épée	Sabie
Féodal	Feudal
Forteresse	Fortăreață
Licorne	Unicorn
Mur	Perete
Noble	Nobil
Palais	Palat
Prince	Prinț
Princesse	Prințesă
Royaume	Regat
Tour	Turn

Chocolat
Ciocolată

Amer	Amar
Antioxydant	Antioxidant
Bonbon	Bomboane
Cacahuètes	Arahide
Cacao	Cacao
Calories	Calorii
Caramel	Caramel
Délicieux	Delicios
Doux	Dulce
Envie	Pofta
Exotique	Exotic
Favori	Favorit
Goût	Gust
Ingrédient	Ingredient
Noix de Coco	Nucă de Cocos
Qualité	Calitate
Recette	Rețetă
Saveur	Aromă
Sucre	Zahăr

Cirque
Circ

Acrobate	Acrobat
Animaux	Animale
Ballons	Baloane
Billet	Bilet
Bonbon	Bomboane
Clown	Clovn
Costume	Costum
Divertir	Distra
Éléphant	Elefant
Jongleur	Jongler
Lion	Leu
Magicien	Magician
Magie	Magie
Musique	Muzică
Parade	Paradă
Singe	Maimuță
Spectaculaire	Spectaculos
Spectateur	Spectator
Tente	Cort
Tigre	Tigru

Comédie
Comedie

Acteur	Actor
Actrice	Actriță
Amusement	Distracție
Applaudissement	Aplauze
Blagues	Glume
Clowns	Clovni
Drôle	Amuzant
Expressif	Expresiv
Genre	Gen
Humour	Umor
Improvisation	Improvizație
Intelligent	Inteligent
Parodie	Parodie
Public	Public
Rire	Râs
Télévision	Televiziune
Théâtre	Teatru

Conduite
Conducere

Accident	Accident
Camion	Camion
Carburant	Combustibil
Carte	Hartă
Danger	Pericol
Freins	Frâne
Garage	Garaj
Gaz	Gaz
Licence	Licență
Moteur	Motor
Moto	Motocicletă
Piéton	Pieton
Police	Politie
Route	Drum
Sécurité	Siguranță
Trafic	Trafic
Transport	Transport
Tunnel	Tunel
Vitesse	Viteză
Voiture	Mașină

Conservation
Conservare

Bénévole	Voluntar
Changements	Modificări
Climat	Climat
Cycle	Ciclu
Durable	Durabilă
Eau	Apă
Environnemental	Mediu
Écosystème	Ecosistem
Éducation	Educație
Habitat	Habitat
Naturel	Firesc
Organique	Organic
Pesticide	Pesticid
Pollution	Poluare
Recycler	Reciclare
Réduire	Reduce
Santé	Sănătate
Vert	Verde

Corps Humain
Corpul Uman

Bouche	Gură
Cerveau	Creier
Cheville	Gleznă
Cou	Gât
Coude	Cot
Cœur	Inimă
Doigt	Deget
Estomac	Stomac
Épaule	Umăr
Genou	Genunchi
Lèvres	Buze
Main	Mână
Mâchoire	Falcă
Menton	Bărbie
Nez	Nas
Oreille	Ureche
Peau	Piele
Sang	Sânge
Tête	Cap
Visage	Față

Couleurs
Culori

Azur	Azur
Beige	Bej
Blanc	Alb
Bleu	Albastru
Cramoisi	Crimson
Cyan	Cyan
Fuchsia	Fucsie
Gris	Gri
Indigo	Indigo
Jaune	Galben
Magenta	Magenta
Marron	Maro
Noir	Negru
Orange	Portocaliu
Rose	Roz
Rouge	Roșu
Sépia	Sepia
Vert	Verde
Violet	Violet

Cuisine
Bucătărie

Baguettes	Bețișoare
Bol	Castron
Bouilloire	Ceainic
Congélateur	Congelator
Couteaux	Cuțite
Cruche	Ulcior
Cuillères	Linguri
Épices	Condimente
Éponge	Burete
Four	Cuptor
Fourchettes	Furci
Gril	Grătar
Louche	Polonic
Nourriture	Alimente
Pot	Borcan
Recette	Rețetă
Réfrigérateur	Frigider
Serviette	Șervețel
Tablier	Șorț
Tasses	Cupe

Danse
Dance

Académie	Academie
Art	Artă
Chorégraphie	Coregrafie
Classique	Clasic
Corps	Corp
Culture	Cultură
Culturel	Cultural
Expressif	Expresiv
Émotion	Emoție
Grâce	Grație
Joyeux	Vesel
Mouvement	Mișcare
Musique	Muzică
Partenaire	Partener
Posture	Postură
Répétition	Repetiție
Rythme	Ritm
Traditionnel	Tradițional
Visuel	Vizual

Dinosaures
Dinozaurii

Ailes	Aripi
Carnivore	Carnivor
Disparition	Dispariție
Espèce	Specie
Énorme	Enorm
Évolution	Evoluție
Fossiles	Fosile
Grand	Mare
Herbivore	Erbivor
Mammouth	Mamut
Omnivore	Omnivor
Préhistorique	Preistoric
Proie	Pradă
Puissant	Puternic
Queue	Coadă
Rapace	Raptor
Reptile	Reptilă
Taille	Mărimea
Terre	Pământ
Vicieux	Vicios

Disciplines Scientifiques
Disciplinele Științifice

Anatomie	Anatomie
Archéologie	Arheologie
Astronomie	Astronomie
Biochimie	Biochimie
Biologie	Biologie
Botanique	Botanică
Chimie	Chimie
Écologie	Ecologie
Géologie	Geologie
Immunologie	Imunologie
Linguistique	Lingvistică
Mécanique	Mecanica
Météorologie	Meteorologie
Minéralogie	Mineralogie
Neurologie	Neurologie
Physiologie	Fiziologie
Psychologie	Psihologie
Sociologie	Sociologie
Thermodynamique	Termodinamică
Zoologie	Zoologie

Eau
Apă

Canal	Canal
Douche	Duș
Évaporation	Evaporare
Fleuve	Râu
Flux	Curent
Gel	Îngheț
Geyser	Gheizer
Glace	Gheață
Humide	Umede
Humidité	Umiditate
Inondation	Inundații
Irrigation	Irigare
Lac	Lac
Mousson	Muson
Neige	Zăpadă
Océan	Ocean
Ouragan	Uragan
Pluie	Ploaie
Vagues	Valuri
Vapeur	Abur

Escalade
Alpinism

Altitude	Altitudine
Atmosphère	Atmosferă
Bottes	Cizme
Carte	Hartă
Casque	Cască
Curiosité	Curiozitate
Défis	Provocări
Expert	Expert
Étroit	Îngust
Force	Tărie
Formation	Formare
Gants	Mănuși
Grotte	Peșteră
Guides	Ghiduri
Physique	Fizic
Randonnée	Drumeții
Stabilité	Stabilitate
Terrain	Teren

Exploration
Explorare

Activité	Activitate
Animaux	Animale
Courage	Curaj
Cultures	Culturi
Dangers	Pericole
Découverte	Descoperire
Détermination	Determinare
Espace	Spațiu
Excitation	Emoție
Épuisement	Epuizare
Inconnu	Necunoscut
Langue	Limba
Lointain	Îndepărtat
Nouveau	Nou
Périlleux	Periculos
Quête	Quest
Sauvage	Sălbatic
Terrain	Teren
Voyage	Călătorie

Échecs
Șah

Adversaire	Adversar
Blanc	Alb
Champion	Campion
Concours	Concurs
Défis	Provocări
Diagonal	Diagonală
Intelligent	Inteligent
Jeu	Joc
Joueur	Jucător
Noir	Negru
Passif	Pasiv
Points	Puncte
Reine	Regină
Règles	Reguli
Roi	Rege
Sacrifice	Sacrificiu
Stratégie	Strategie
Temps	Timp
Tournoi	Turneu

École #1
Școală #1

Alphabet	Alfabet
Amis	Prieteni
Amusement	Distracție
Bibliothèque	Bibliotecă
Bureau	Birou
Chaise	Scaun
Crayon	Creion
Des Stylos	Stilouri
Déjeuner	Prânz
Dossiers	Dosare
Enseignant	Profesor
Examens	Examene
Livres	Cărți
Marqueurs	Markeri
Math	Matematică
Nombres	Numere
Papier	Hârtie
Quiz	Test
Réponses	Răspunsuri
Salle de Classe	Clasă

École #2
Școală #2

Activités	Activități
Apprentissage	Învățare
Bibliothèque	Bibliotecă
Bus	Autobuz
Calendrier	Calendar
Ciseaux	Foarfece
Crayon	Creion
Devoirs	Teme
Dictionnaire	Dicționar
Enseignant	Profesor
Écriture	Scris
Éducation	Educație
Grammaire	Gramatică
Jeux	Jocuri
Lecture	Lectură
Littérature	Literatură
Livres	Cărți
Ordinateur	Calculator
Papier	Hârtie
Science	Știință

Écologie
Ecologie

Bénévoles	Voluntari
Climat	Climat
Communautés	Comunități
Diversité	Diversitate
Durable	Durabilă
Espèce	Specie
Faune	Faună
Flore	Floră
Global	Global
Habitat	Habitat
Marais	Mlaștină
Marin	Marin
Nature	Natură
Naturel	Firesc
Plantes	Plante
Ressources	Resurse
Sécheresse	Secetă
Survie	Supraviețuire
Variété	Varietate
Végétation	Vegetație

Émotions
Emoții

Amour	Dragoste
Calme	Calm
Colère	Furie
Contenu	Conținut
Détendu	Relaxat
Embarrassé	Jenat
Ennui	Plictiseală
Excité	Excitat
Gentillesse	Bunătate
Joie	Bucurie
Paix	Pace
Peur	Frică
Reconnaissant	Recunoscător
Relief	Relief
Satisfait	Satisfăcut
Surprise	Surpriză
Sympathie	Simpatie
Tendresse	Sensibilitate
Tranquillité	Liniște
Tristesse	Tristețe

Épices
Condimente

Aigre	Acru
Ail	Usturoi
Amer	Amar
Anis	Anason
Cannelle	Scorțișoară
Cardamome	Cardamom
Coriandre	Coriandru
Cumin	Chimion
Curry	Curry
Fenouil	Fenicul
Gingembre	Ghimbir
Muscade	Nucșoară
Oignon	Ceapă
Paprika	Paprika
Poivre	Piper
Réglisse	Lemn Dulce
Safran	Șofran
Saveur	Aromă
Sel	Sare
Vanille	Vanilie

Été
Vara

Amis	Prieteni
Camping	Camping
Étoiles	Stele
Famille	Familie
Jardin	Grădină
Jeux	Jocuri
Joie	Bucurie
Livres	Cărți
Loisir	Timp Liber
Mer	Mare
Musique	Muzică
Nourriture	Alimente
Plage	Plajă
Plongée	Scufundări
Relaxation	Relaxare
Sandales	Sandale
Vacances	Vacanță
Voyage	Călătorie

Famille
Familie

Ancêtre	Strămoș
Cousin	Văr
Enfance	Copilărie
Enfant	Copil
Enfants	Copii
Femme	Soție
Fille	Fiica
Frère	Frate
Grand-Mère	Bunica
Grand-Père	Bunic
Mari	Soțul
Maternel	Matern
Mère	Mamă
Neveu	Nepot
Nièce	Nepoată
Oncle	Unchi
Paternel	Patern
Père	Tată
Soeur	Sora
Tante	Mătușă

Ferme #1
Ferma # 1

Abeille	Albină
Agriculture	Agricultură
Âne	Măgar
Bison	Bizon
Champ	Câmp
Chat	Pisică
Cheval	Cal
Chèvre	Capră
Chien	Câine
Clôture	Gard
Corbeau	Cioară
Eau	Apă
Engrais	Îngrășământ
Foin	Fân
Miel	Miere
Poulet	Pui
Riz	Orez
Troupeau	Turmă
Vache	Vacă
Veau	Vițel

Ferme #2
Ferma # 2

Agneau	Miel
Agriculteur	Fermier
Animaux	Animale
Berger	Păstor
Blé	Grâu
Canard	Rață
Fruit	Fruct
Grange	Hambar
Irrigation	Irigare
Lait	Lapte
Lama	Lamă
Légume	Vegetal
Maïs	Porumb
Mouton	Oaie
Nourriture	Alimente
Orge	Orz
Pré	Luncă
Ruche	Stup
Tracteur	Tractor
Verger	Livadă

Fleurs
Flori

Bouquet	Buchet
Gardénia	Gardenie
Hibiscus	Hibiscus
Jasmin	Iasomie
Jonquille	Narcisă
Lavande	Lavandă
Lilas	Liliac
Lys	Crin
Magnolia	Magnolie
Marguerite	Margaretă
Orchidée	Orhidee
Pavot	Mac
Pétale	Petală
Pissenlit	Păpădie
Pivoine	Bujor
Plumeria	Plumeria
Rose	Trandafir
Trèfle	Trifoi
Tulipe	Lalea

Forêt Tropicale
Pădurea Tropicală

Amphibiens	Amfibieni
Botanique	Botanic
Climat	Climat
Communauté	Comunitate
Diversité	Diversitate
Espèce	Specie
Indigène	Indigene
Insectes	Insecte
Jungle	Junglă
Mammifères	Mamifere
Mousse	Mușchi
Nature	Natură
Nuage	Nori
Oiseaux	Păsări
Précieux	Valoros
Préservation	Conservare
Refuge	Refugiu
Respect	Respect
Restauration	Restaurare
Survie	Supraviețuire

Formes
Forme

Arc	Arc
Bords	Margini
Carré	Pătrat
Cercle	Cerc
Coin	Colț
Courbe	Curbă
Cône	Con
Côté	Parte
Cube	Cub
Cylindre	Cilindru
Ellipse	Elipsă
Hyperbole	Hiperbolă
Ligne	Linia
Ovale	Oval
Polygone	Poligon
Prisme	Prismă
Pyramide	Piramidă
Rectangle	Dreptunghi
Sphère	Sferă
Triangle	Triunghi

Fournitures d'Art
Materiale de Artă

Acrylique	Acrilic
Aquarelles	Acuarele
Argile	Lut
Brosses	Perii
Caméra	Aparat Foto
Chaise	Scaun
Charbon	Cărbune
Chevalet	Șevalet
Colle	Lipici
Couleurs	Culori
Crayons	Creioane
Créativité	Creativitate
Eau	Apă
Encre	Cerneală
Gomme	Radieră
Huile	Ulei
Idées	Idei
Papier	Hârtie
Pastels	Pasteluri
Table	Tabel

Fruit
Fructe

Abricot	Caisă
Ananas	Ananas
Avocat	Avocado
Baie	Bacă
Banane	Banană
Cerise	Cireașă
Citron	Lămâie
Figue	Fig
Framboise	Zmeură
Goyave	Guava
Kiwi	Kiwi
Mangue	Mango
Melon	Pepene
Nectarine	Nectarină
Orange	Portocaliu
Papaye	Papaya
Pêche	Piersică
Poire	Pară
Pomme	Măr
Raisin	Struguri

Gentillesse
Bunătate

Affectueux	Afectuos
Aimant	Iubitor
Amical	Prietenos
Attentif	Atent
Authentique	Autentic
Compatissant	Compasiune
Compréhension	Înțelegere
Doux	Blând
Fiable	De Încredere
Généreux	Generos
Heureux	Fericit
Honnête	Sincer
Hospitalier	Ospitalier
Patient	Pacient
Respectueux	Respectuos
Réceptif	Receptiv
Tolérant	Tolerant
Utile	Util

Géographie
Geografie

Altitude	Altitudine
Atlas	Atlas
Carte	Hartă
Continent	Continent
Fleuve	Râu
Hémisphère	Emisferă
Île	Insulă
Latitude	Latitudine
Mer	Mare
Méridien	Meridian
Monde	Lume
Montagne	Munte
Nord	Nord
Océan	Ocean
Ouest	Vest
Pays	Țară
Région	Regiune
Sud	Sud
Territoire	Teritoriu
Ville	Oraș

Géologie
Geologie

Acide	Acid
Calcium	Calciu
Caverne	Cavernă
Continent	Continent
Corail	Coral
Couche	Strat
Cristaux	Cristale
Érosion	Eroziune
Fondu	Topit
Fossile	Fosil
Geyser	Gheizer
Lave	Lavă
Minéraux	Minerale
Pierre	Piatră
Plateau	Platou
Quartz	Cuarț
Sel	Sare
Stalactite	Stalactit
Volcan	Vulcan
Zone	Zonă

Herboristerie
Plante Medicinale

Ail	Usturoi
Aromatique	Aromat
Basilic	Busuioc
Bénéfique	Benefic
Culinaire	Culinar
Estragon	Tarhon
Fenouil	Fenicul
Fleur	Floare
Ingrédient	Ingredient
Jardin	Grădină
Lavande	Lavandă
Marjolaine	Maghiran
Menthe	Mentă
Persil	Pătrunjel
Qualité	Calitate
Romarin	Rozmarin
Safran	Șofran
Saveur	Aromă
Thym	Cimbru
Vert	Verde

Insectes
Insectele

Abeille	Albină
Cafard	Gândac
Cigale	Greier
Coccinelle	Gărgăriță
Criquet	Salcâm
Fourmi	Furnică
Guêpe	Viespe
Larve	Larvă
Libellule	Libelulă
Mante	Mantis
Moustique	Țânțar
Papillon	Fluture
Puce	Purici
Puceron	Afidă
Sauterelle	Lăcustă
Termite	Termită
Ver	Vierme

Instruments de Musique
Instrumente Muzicale

Banjo	Banjo
Basson	Fagot
Clarinette	Clarinet
Flûte	Flaut
Gong	Gong
Guitare	Chitară
Harmonica	Muzicuță
Harpe	Harpă
Hautbois	Oboi
Mandoline	Mandolină
Marimba	Marimba
Percussion	Percuție
Piano	Pian
Saxophone	Saxofon
Tambour	Tobă
Tambourin	Tamburină
Trombone	Trombon
Trompette	Trompetă
Violon	Vioară
Violoncelle	Violoncel

Jardin
Grădină

Arbre	Copac
Banc	Bancă
Buisson	Tufiş
Clôture	Gard
Étang	Iaz
Fleur	Floare
Garage	Garaj
Hamac	Hamac
Herbe	Iarbă
Jardin	Grădină
Mauvaises Herbes	Buruieni
Pelle	Lopată
Pelouse	Gazon
Porche	Verandă
Râteau	Greblă
Sol	Sol
Terrasse	Terasă
Trampoline	Trambulină
Tuyau	Furtun
Verger	Livadă

Jouets
Jucării

Argile	Lut
Artisanat	Meşteşuguri
Avion	Avion
Balle	Minge
Bateau	Barcă
Camion	Camion
Cerf-Volant	Zmeu
Crayons	Creioane
Échecs	Şah
Favori	Favorit
Imagination	Imaginaţie
Jeux	Jocuri
Livres	Cărţi
Poupée	Păpuşă
Puzzle	Puzzle
Robot	Robot
Tambours	Tobe
Train	Tren
Vélo	Bicicletă
Voiture	Maşină

Jours et Mois
Zile şi Lunile

Août	August
Avril	Aprilie
Calendrier	Calendar
Dimanche	Duminică
Février	Februarie
Janvier	Ianuarie
Jeudi	Joi
Juillet	Iulie
Juin	Iunie
Lundi	Luni
Mardi	Marţi
Mars	Martie
Mercredi	Miercuri
Mois	Lună
Novembre	Noiembrie
Octobre	Octombrie
Samedi	Sâmbătă
Semaine	Săptămână
Septembre	Septembrie
Vendredi	Vineri

Les Abeilles
Albinele

Ailes	Aripi
Bénéfique	Benefic
Cire	Ceară
Diversité	Diversitate
Essaim	Roi
Écosystème	Ecosistem
Fleurs	Flori
Fruit	Fruct
Fumée	Fum
Habitat	Habitat
Insecte	Insectă
Jardin	Grădină
Miel	Miere
Nourriture	Alimente
Plantes	Plante
Pollen	Polen
Pollinisateur	Polenizator
Reine	Regină
Ruche	Stup
Soleil	Soare

Légumes
Legume

Ail	Usturoi
Artichaut	Anghinare
Aubergine	Vânătă
Brocoli	Broccoli
Carotte	Morcov
Céleri	Ţelină
Champignon	Ciupercă
Citrouille	Dovleac
Concombre	Castravete
Échalote	Şalotă
Épinard	Spanac
Gingembre	Ghimbir
Navet	Nap
Oignon	Ceapă
Olive	Măslină
Persil	Pătrunjel
Pois	Mazăre
Radis	Ridiche
Salade	Salată
Tomate	Roşie

Littérature
Literatură

Analogie	Analogie
Analyse	Analiză
Anecdote	Anecdotă
Auteur	Autor
Biographie	Biografie
Comparaison	Comparaţie
Conclusion	Concluzie
Description	Descriere
Dialogue	Dialog
Fiction	Ficţiune
Métaphore	Metaforă
Narrateur	Narator
Poème	Poem
Poétique	Poetic
Rime	Rimă
Roman	Roman
Rythme	Ritm
Style	Stil
Thème	Temă
Tragédie	Tragedie

Livres
Cărți

Auteur	Autor
Aventure	Aventură
Collection	Colecție
Contexte	Context
Dualité	Dualitate
Épique	Epic
Histoire	Poveste
Historique	Istoric
Humoristique	Plin de Umor
Inventif	Inventiv
Lecteur	Cititor
Littéraire	Literar
Narrateur	Narator
Page	Pagină
Pertinent	Relevant
Poème	Poem
Poésie	Poezie
Roman	Roman
Série	Serie
Tragique	Tragic

Maison
Casa

Balai	Mătură
Bibliothèque	Bibliotecă
Chambre	Cameră
Cheminée	Vatră
Clés	Chei
Clôture	Gard
Cuisine	Bucătărie
Douche	Duș
Fenêtre	Fereastră
Garage	Garaj
Grenier	Mansardă
Jardin	Grădină
Lampe	Lampă
Miroir	Oglindă
Mur	Perete
Plafond	Tavan
Porte	Ușă
Rideaux	Perdele
Tapis	Covor
Toit	Acoperiș

Mammifères
Mamiferele

Baleine	Balenă
Chat	Pisică
Cheval	Cal
Chien	Câine
Coyote	Coiot
Dauphin	Delfin
Éléphant	Elefant
Girafe	Girafă
Gorille	Gorilă
Kangourou	Cangur
Lapin	Iepure
Lion	Leu
Loup	Lup
Mouton	Oaie
Ours	Urs
Renard	Vulpe
Singe	Maimuță
Taureau	Taur
Tigre	Tigru
Zèbre	Zebră

Mathématiques
Matematică

Angles	Unghiuri
Arithmétique	Aritmetică
Carré	Pătrat
Circonférence	Circumferință
Décimal	Zecimal
Diamètre	Diametru
Exposant	Exponent
Équation	Ecuație
Fraction	Fracțiune
Géométrie	Geometrie
Parallèle	Paralel
Parallélogramme	Paralelogram
Perpendiculaire	Perpendicular
Périmètre	Perimetru
Polygone	Poligon
Rectangle	Dreptunghi
Somme	Sumă
Symétrie	Simetrie
Triangle	Triunghi
Volume	Volum

Mesures
Măsurătorile

Centimètre	Centimetru
Degré	Grad
Décimal	Zecimal
Gramme	Gram
Hauteur	Înălțime
Kilogramme	Kilogram
Kilomètre	Kilometru
Largeur	Lățime
Litre	Litru
Longueur	Lungime
Masse	Masă
Mètre	Metru
Minute	Minut
Octet	Byte
Once	Uncie
Poids	Greutate
Pouce	Inch
Profondeur	Adâncime
Tonne	Tonă
Volume	Volum

Meubles
Mobilier

Banc	Bancă
Bibliothèque	Bibliotecă
Bureau	Birou
Canapé	Canapea
Chaise	Scaun
Commode	Dulap
Coussins	Perne
Étagères	Rafturi
Fauteuil	Fotoliu
Futon	Futon
Hamac	Hamac
Lampe	Lampă
Lit	Pat
Matelas	Saltea
Miroir	Oglindă
Oreiller	Pernă
Rideaux	Perdele
Tapis	Covor

Méditation
Meditație

Acceptation	Acceptare
Attention	Atenție
Calme	Calm
Clarté	Claritate
Compassion	Compasiune
Émotions	Emoții
Éveillé	Treaz
Gentillesse	Bunătate
Gratitude	Recunoștință
Habitudes	Obiceiuri
Mental	Mental
Mouvement	Mișcare
Musique	Muzică
Nature	Natură
Observation	Observare
Paix	Pace
Perspective	Perspectivă
Posture	Postură
Respiration	Respirație
Silence	Tăcere

Météo
Vremea

Arc-En-Ciel	Curcubeu
Atmosphère	Atmosferă
Brise	Briză
Brouillard	Ceață
Calme	Calm
Ciel	Cer
Climat	Climat
Glace	Gheață
Mousson	Muson
Nuage	Nor
Ouragan	Uragan
Polaire	Polar
Sec	Uscat
Sécheresse	Secetă
Température	Temperatura
Tempête	Furtună
Tonnerre	Tunet
Tornade	Tornadă
Tropical	Tropicale
Vent	Vânt

Mythologie
Mitologie

Archétype	Arhetip
Catastrophe	Dezastru
Comportement	Comportament
Création	Creare
Créature	Făptură
Croyances	Credințe
Culture	Cultură
Éclair	Fulger
Force	Tărie
Guerrier	Războinic
Héros	Erou
Immortalité	Nemurire
Jalousie	Gelozie
Labyrinthe	Labirint
Légende	Legendă
Magique	Magic
Monstre	Monstru
Mortel	Muritor
Tonnerre	Tunet
Vengeance	Răzbunare

Nature
Natura

Abeilles	Albine
Abri	Adăpost
Animaux	Animale
Arctique	Arctic
Beauté	Frumusețe
Brouillard	Ceață
Désert	Deșert
Dynamique	Dinamic
Érosion	Eroziune
Feuillage	Frunze
Fleuve	Râu
Forêt	Pădure
Glacier	Ghețar
Nuage	Nori
Paisible	Pașnică
Sanctuaire	Sanctuar
Sauvage	Sălbatic
Serein	Senin
Tropical	Tropical
Vital	Vital

Nombres
Numerele

Cinq	Cinci
Deux	Doi
Décimal	Zecimal
Dix	Zece
Dix-Huit	Optsprezece
Dix-Neuf	Nouăsprezece
Dix-Sept	Șaptesprezece
Douze	Doisprezece
Huit	Opt
Neuf	Nouă
Quatorze	Paisprezece
Quatre	Patru
Quinze	Cincisprezece
Seize	Șaisprezece
Sept	Șapte
Six	Șase
Treize	Treisprezece
Trois	Trei
Vingt	Douăzeci
Zéro	Zero

Nourriture #1
Alimente #1

Ail	Usturoi
Basilic	Busuioc
Café	Cafea
Cannelle	Scorțișoară
Carotte	Morcov
Citron	Lămâie
Épinard	Spanac
Fraise	Căpșună
Jus	Suc
Lait	Lapte
Navet	Nap
Oignon	Ceapă
Orge	Orz
Poire	Pară
Salade	Salată
Sel	Sare
Soupe	Supă
Sucre	Zahăr
Thon	Ton
Viande	Carne

Nourriture #2
Alimente #2

Amande	Migdală
Aubergine	Vânătă
Banane	Banană
Blé	Grâu
Brocoli	Broccoli
Cerise	Cireașă
Céleri	Țelină
Champignon	Ciupercă
Chocolat	Ciocolată
Jambon	Șuncă
Kiwi	Kiwi
Mangue	Mango
Oeuf	Ou
Pain	Pâine
Poisson	Pește
Pomme	Măr
Poulet	Pui
Raisin	Struguri
Riz	Orez
Tomate	Roșie

Nutrition
Alimentație

Amer	Amar
Appétit	Apetit
Calories	Calorii
Comestible	Comestibil
Diète	Dietă
Digestion	Digestie
Épices	Condimente
Équilibré	Echilibrat
Fermentation	Fermentație
Glucides	Glucide
Liquides	Lichide
Poids	Greutate
Protéines	Proteine
Qualité	Calitate
Sain	Sănătos
Santé	Sănătate
Sauce	Sos
Saveur	Aromă
Toxine	Toxină
Vitamine	Vitamină

Océan
Ocean

Algue	Alge
Anguille	Anghilă
Baleine	Balenă
Bateau	Barcă
Corail	Coral
Crabe	Crab
Crevette	Crevetă
Dauphin	Delfin
Éponge	Burete
Huître	Stridie
Marées	Maree
Méduse	Meduze
Poisson	Pește
Poulpe	Caracatiță
Requin	Rechin
Récif	Recif
Sel	Sare
Tempête	Furtună
Thon	Ton
Vagues	Valuri

Oiseaux
Păsări

Aigle	Vultur
Autruche	Struț
Canard	Rață
Cigogne	Barză
Colombe	Porumbel
Corbeau	Cioară
Coucou	Cuc
Cygne	Lebădă
Flamant	Flamingo
Héron	Stârc
Manchot	Pinguin
Moineau	Vrabie
Mouette	Pescăruș
Oeuf	Ou
Oie	Gâscă
Paon	Păun
Perroquet	Papagal
Pélican	Pelican
Poulet	Pui
Toucan	Toucan

Pays #2
Țările #2

Albanie	Albania
Chine	China
Danemark	Danemarca
France	Franța
Haïti	Haiti
Indonésie	Indonezia
Irlande	Irlanda
Jamaïque	Jamaica
Japon	Japonia
Kenya	Kenya
Laos	Laos
Liban	Liban
Mexique	Mexic
Ouganda	Uganda
Pakistan	Pakistan
Russie	Rusia
Somalie	Somalia
Soudan	Sudan
Syrie	Siria
Ukraine	Ucraina

Paysages
Peisaje

Cascade	Cascadă
Colline	Deal
Désert	Deșert
Estuaire	Estuar
Fleuve	Râu
Geyser	Gheizer
Glacier	Ghețar
Grotte	Peșteră
Iceberg	Aisberg
Île	Insulă
Lac	Lac
Marais	Mlaștină
Mer	Mare
Montagne	Munte
Oasis	Oază
Péninsule	Peninsulă
Plage	Plajă
Toundra	Tundră
Vallée	Vale
Volcan	Vulcan

Pêche
Pescuit

Appât	Momeală
Bateau	Barcă
Branchies	Branhii
Crochet	Cârlig
Cuire	Bucătar
Eau	Apă
Exagération	Exagerare
Équipement	Echipament
Fil	Sârmă
Fleuve	Râu
Lac	Lac
Mâchoire	Falcă
Océan	Ocean
Panier	Coş
Patience	Răbdare
Plage	Plajă
Poids	Greutate
Saison	Sezon

Pirates
Piratii

Ancre	Ancoră
Aventure	Aventură
Capitaine	Căpitan
Carte	Hartă
Cicatrice	Cicatrice
Danger	Pericol
Drapeau	Drapel
Épée	Sabie
Équipage	Echipaj
Grotte	Peșteră
Île	Insulă
Légende	Legendă
Mauvais	Rău
Océan	Ocean
Or	Aur
Perroquet	Papagal
Pièces	Monede
Plage	Plajă
Rhum	Rom
Trésor	Comoară

Plantes
Plante

Arbre	Copac
Baie	Bacă
Bambou	Bambus
Botanique	Botanică
Buisson	Tufiş
Cactus	Cactus
Engrais	Îngrăşământ
Feuillage	Frunze
Fleur	Floare
Flore	Floră
Forêt	Pădure
Grandir	Creşte
Haricot	Fasole
Herbe	Iarbă
Jardin	Grădină
Lierre	Iederă
Mousse	Muşchi
Pétale	Petală
Racine	Rădăcină
Végétation	Vegetaţie

Professions #1
Profesiile #1

Ambassadeur	Ambasador
Artiste	Artist
Astronome	Astronom
Avocat	Avocat
Banquier	Bancher
Bijoutier	Bijutier
Cartographe	Cartograf
Chasseur	Vânător
Danseur	Dansator
Entraîneur	Antrenor
Éditeur	Editor
Géologue	Geolog
Médecin	Doctor
Musicien	Muzician
Pianiste	Pianist
Plombier	Instalator
Pompier	Pompier
Psychologue	Psiholog
Scientifique	Om de Ştiinţă
Vétérinaire	Veterinar

Professions #2
Profesiile #2

Astronaute	Astronaut
Bibliothécaire	Bibliotecar
Biologiste	Biolog
Chercheur	Cercetător
Chirurgien	Chirurg
Dentiste	Dentist
Détective	Detectiv
Enseignant	Profesor
Illustrateur	Ilustrator
Ingénieur	Inginer
Inventeur	Inventator
Jardinier	Grădinar
Journaliste	Jurnalist
Linguiste	Lingvist
Médecin	Medic
Peintre	Pictor
Philosophe	Filozof
Photographe	Fotograf
Pilote	Pilot
Zoologiste	Zoolog

Randonnée
Drumeţii

Animaux	Animale
Bottes	Cizme
Camping	Camping
Carte	Hartă
Climat	Climat
Eau	Apă
Falaise	Stâncă
Fatigué	Obosit
Guides	Ghiduri
Lourd	Greu
Météo	Vreme
Montagne	Munte
Nature	Natură
Orientation	Orientare
Parcs	Parcuri
Pierres	Pietre
Préparation	Pregătirea
Sauvage	Sălbatic
Soleil	Soare
Sommet	Summit

Remplir
Pentru a Umple

Baignoire	Cadă
Baril	Butoi
Bassin	Bazin
Boîte	Cutie
Bouteille	Sticlă
Caisse	Ladă
Dossier	Dosar
Enveloppe	Plic
Panier	Coș
Paquet	Pachet
Plateau	Tavă
Poche	Buzunar
Pot	Borcan
Sac	Sac
Seau	Găleată
Tiroir	Sertar
Tube	Tub
Valise	Valiză
Vase	Vază

Restaurant #1
Restaurantul #1

Allergie	Alergie
Assiette	Farfurie
Bol	Castron
Café	Cafea
Caissier	Casier
Couteau	Cuțit
Cuisine	Bucătărie
Dessert	Desert
Épicé	Picant
Ingrédients	Ingrediente
Menu	Meniu
Nourriture	Alimente
Pain	Pâine
Poulet	Pui
Réservation	Rezervare
Sauce	Sos
Serveuse	Chelneriță
Serviette	Șervețel
Viande	Carne

Restaurant #2
Restaurantul #2

Apéritif	Aperitiv
Boisson	Băutură
Chaise	Scaun
Cuillère	Lingură
Déjeuner	Prânz
Délicieux	Delicios
Dîner	Cina
Eau	Apă
Épices	Condimente
Fourchette	Furcă
Fruit	Fruct
Gâteau	Tort
Glace	Gheață
Légumes	Legume
Oeuf	Ouă
Poisson	Pește
Salade	Salată
Sel	Sare
Serveur	Chelner
Soupe	Supă

Salle de Bains
Baie

Bain	Baie
Bulles	Bule
Ciseaux	Foarfece
Douche	Duș
Eau	Apă
Éponge	Burete
Évier	Chiuvetă
Lotion	Loțiune
Miroir	Oglindă
Parfum	Parfum
Robinet	Robinet
Savon	Săpun
Serviette	Prosop
Shampooing	Șampon
Tapis	Covor
Toilette	Toaletă
Vapeur	Abur

Science
Știință

Atome	Atom
Chimique	Chimic
Climat	Climat
Données	Date
Expérience	Experiment
Évolution	Evoluție
Fait	Fapt
Fossile	Fosil
Gravité	Gravitație
Hypothèse	Ipoteză
Laboratoire	Laborator
Méthode	Metodă
Minéraux	Minerale
Molécules	Molecule
Nature	Natură
Observation	Observare
Organisme	Organism
Particules	Particule
Physique	Fizică
Scientifique	Om de Știință

Science-Fiction
Operă Științifico-Fantas

Atomique	Atomic
Cinéma	Cinema
Explosion	Explozie
Extrême	Extrem
Fantastique	Fantastic
Feu	Foc
Futuriste	Futurist
Galaxie	Galaxie
Illusion	Iluzie
Imaginaire	Imaginar
Livres	Cărți
Monde	Lume
Mystérieux	Misterios
Oracle	Oracol
Planète	Planetă
Réaliste	Realist
Robots	Roboți
Scénario	Scenariu
Technologie	Tehnologie
Utopie	Utopie

Sports
Sport

Arbitre	Arbitru
Athlète	Atlet
Base-Ball	Baseball
Basket-Ball	Baschet
Championnat	Campionat
Entraîneur	Antrenor
Équipe	Echipă
Gagnant	Câștigător
Golf	Golf
Gymnastique	Gimnastică
Hockey	Hochei
Jeu	Joc
Joueur	Jucător
Mouvement	Mișcare
Stade	Stadion
Tennis	Tenis
Vélo	Bicicletă

Surf
Navigare

Amusement	Distracție
Athlète	Atlet
Champion	Campion
Débutant	Începător
Estomac	Stomac
Extrême	Extrem
Force	Tărie
Foules	Mulțimi
Météo	Vreme
Mousse	Spumă
Océan	Ocean
Pagaie	Paletă
Plage	Plajă
Populaire	Popular
Récif	Recif
Style	Stil
Vague	Val
Vitesse	Viteză

Technologie
Tehnologie

Blog	Blog
Caméra	Aparat Foto
Curseur	Cursor
Données	Date
Écran	Ecran
Fichier	Fişier
Internet	Internet
Logiciel	Software
Message	Mesaj
Navigateur	Browser
Numérique	Digital
Octets	Bytes
Ordinateur	Calculator
Police	Font
Recherche	Cercetare
Sécurité	Securitate
Statistiques	Statistici
Virtuel	Virtual
Virus	Virus

Temps
Timp

Année	An
Annuel	Anual
Après	După
Avant	Înainte
Bientôt	Curând
Calendrier	Calendar
Décennie	Deceniu
Futur	Viitor
Heure	Oră
Hier	Ieri
Horloge	Ceas
Jour	Zi
Maintenant	Acum
Matin	Dimineață
Midi	Amiază
Minute	Minut
Mois	Lună
Nuit	Noapte
Semaine	Săptămână
Siècle	Secol

Types de Cheveux
Tipuri de Par

Argent	Argint
Blanc	Alb
Blond	Blond
Boucles	Bucle
Brillant	Lucios
Chauve	Chel
Coloré	Colorate
Court	Scurt
Doux	Moale
Épais	Gros
Frisé	Creț
Gris	Gri
Long	Lung
Marron	Maro
Mince	Subțire
Noir	Negru
Ondulé	Ondulat
Sain	Sănătos
Sec	Uscat
Tressé	Împletit

Vacances #2
Vacanță #2

Aéroport	Aeroport
Camping	Camping
Carte	Hartă
Destination	Destinație
Étranger	Străin
Hôtel	Hotel
Île	Insulă
Loisir	Timp Liber
Mer	Mare
Passeport	Pașaport
Plage	Plajă
Restaurant	Restaurant
Réservations	Rezervări
Taxi	Taxi
Tente	Cort
Train	Tren
Transport	Transport
Vacances	Vacanță
Visa	Viză
Voyage	Călătorie

Vertus #1
Virtuțile #1

Artistique	Artistic
Bon	Bun
Charmant	Fermecător
Confiant	Încrezător
Curieux	Curios
Décisif	Decisiv
Drôle	Amuzant
Efficace	Eficient
Fiable	De Încredere
Généreux	Generos
Imaginatif	Imaginativ
Indépendant	Independent
Intelligent	Inteligent
Modeste	Modest
Passionné	Pasionat
Patient	Pacient
Pratique	Practic
Propre	Curat
Sage	Înțelept
Utile	Util

Véhicules
Autovehicule

Ambulance	Ambulanță
Avion	Avion
Bateau	Barcă
Bus	Autobuz
Camion	Camion
Caravane	Caravană
Ferry	Bac
Fusée	Rachetă
Hélicoptère	Elicopter
Métro	Metrou
Moteur	Motor
Navette	Navetă
Pneus	Anvelope
Radeau	Plută
Scooter	Scuter
Sous-Marin	Submarin
Taxi	Taxi
Tracteur	Tractor
Vélo	Bicicletă
Voiture	Mașină

Vêtements
Haine

Bracelet	Brățară
Ceinture	Curea
Chapeau	Pălărie
Chaussure	Pantof
Chemise	Cămașă
Chemisier	Bluză
Collier	Colier
Foulard	Eșarfă
Gants	Mănuși
Jeans	Blugi
Jupe	Fusta
Manteau	Haina
Mode	Modă
Pantalon	Pantaloni
Pull	Pulover
Pyjama	Pijama
Robe	Rochie
Sandales	Sandale
Tablier	Șorț
Veste	Sacou

Ville
Oraș

Aéroport	Aeroport
Banque	Bancă
Bibliothèque	Bibliotecă
Boulangerie	Brutărie
Cinéma	Cinema
Clinique	Clinica
École	Școală
Fleuriste	Florar
Galerie	Galerie
Hôtel	Hotel
Librairie	Librărie
Marché	Piață
Musée	Muzeu
Pharmacie	Farmacie
Restaurant	Restaurant
Salon	Salon
Stade	Stadion
Supermarché	Supermarket
Théâtre	Teatru
Université	Universitate

Félicitations

Vous avez réussi !

Nous espérons que vous avez apprécié ce livre autant que nous avons pris plaisir à le concevoir. Nous faisons de notre mieux pour créer des livres de la meilleure qualité possible.
Cette édition est conçue pour permettre un apprentissage intelligent et de qualité en se divertissant !

Vous avez aimé ce livre ?

Une Simple Demande

Nos livres existent grâce aux avis que vous publiez. Pourriez-vous nous aider en laissant un avis maintenant ?

Voici un lien rapide qui vous mènera à votre page d'évaluation de vos commandes :

BestBooksActivity.com/Avis50

CHALLENGE FINAL !

Défi n°1

Êtes-vous prêt pour votre jeu bonus ? Nous les utilisons tout le temps mais ils ne sont pas si faciles à trouver. Voici les **Synonymes** !

Notez 5 mots que vous avez trouvés dans les puzzles notés ci-dessous (n°21, n°36, n°76) et essayez de trouver 2 synonymes pour chaque mot.

Notez 5 Mots du **Puzzle 21**

Mots	Synonyme 1	Synonyme 2

Notez 5 Mots du **Puzzle 36**

Mots	Synonyme 1	Synonyme 2

Notez 5 Mots du **Puzzle 76**

Mots	Synonyme 1	Synonyme 2

Défi n°2

Maintenant que vous vous êtes échauffé, notez 5 mots que vous avez découverts dans les Puzzles n° 9, n° 17, n° 25 et essayez de trouver 2 antonymes pour chaque mot. Combien pouvez-vous en trouver en 20 minutes ?

Notez 5 Mots du **Puzzle 9**

Mots	Antonyme 1	Antonyme 2

Notez 5 Mots du **Puzzle 17**

Mots	Antonyme 1	Antonyme 2

Notez 5 Mots du **Puzzle 25**

Mots	Antonyme 1	Antonyme 2

Défi n°3

Formidable ! Ce défi final n'est rien pour vous.

Prêt pour le dernier défi ? Choisissez 10 mots que vous avez découverts parmi les différents puzzles et notez-les ci-dessous.

1.	6.
2.	7.
3.	8.
4.	9.
5.	10.

Maintenant, composez un texte en pensant à une personne, un animal ou un lieu que vous aimez !

Astuce: Vous pouvez utiliser la dernière page de ce livre comme brouillon !

Votre Composition :

CARNET DE NOTES :

À TRÈS BIENTÔT !

Toute l'équipe

DECOUVREZ DES JEUX GRATUITS

GO

↓

BESTACTIVITYBOOKS.COM/FREEGAMES